Bewusstsein der Unschuld

Holger Niederhausen

Bewusstsein
der Unschuld

Das Menschenwesen hat eine tiefe Sehnsucht nach dem Schönen, Wahren und Guten. Diese kann von vielem anderen verschüttet worden sein, aber sie ist da. Und seine andere Sehnsucht ist, auch die eigene Seele zu einer Trägerin dessen zu entwickeln, wonach sich das Menschenwesen so sehnt.

Diese zweifache Sehnsucht wollen meine Bücher berühren, wieder bewusst machen, und dazu beitragen, dass sie stark und lebendig werden kann. Was die Seele empfindet und wirklich erstrebt, das ist ihr Wesen. Der Mensch kann ihr Wesen in etwas unendlich Schönes verwandeln, wenn er beginnt, seiner tiefsten Sehnsucht wahrhaftig zu folgen...

1. Auflage Juni 2017

Umschlagabbildung: Linda Moon / Shutterstock.com, verändert
Herstellung und Verlag:
BoD – Books on Demand, Norderstedt
ISBN 978-3-7448-3975-4

Dieses Büchlein versucht nichts Geringeres als das scheinbar Unmögliche: Die Beschreibung eines Weges vom Zustand der Schuld oder Bewusstseins-Krankheit in einen Zustand der Unschuld.

Die Unmöglichkeit ist dabei eine Zweifache. Es scheint die Starre eines Naturgesetzes zu haben, dass man aus einem Zustand der Schuld nicht in einen Zustand der Unschuld übergehen kann. Und es scheint der Zustand der Unschuld ganz mit dem Zustand der Unbewusstheit verbunden zu sein. Insofern kann der Zustand der Unschuld, wenn er einmal verlassen oder verloren wurde, nie wieder erreicht werden – und ist ein Buchtitel ‚Bewusstsein der Unschuld' erst recht ein Widerspruch in sich.

Doch der wirkliche Widerspruch liegt woanders. Und der Weg in die Unschuld ist möglich – und sogar ein Bewusstsein der Unschuld.

Es ist der wahrhaft menschliche Zustand.

Wer sich in der heutigen Zeit keine gesellschaftlichen, sozialen und existentiellen Lebensfragen stellt, lebt *unbewusst* im Zustand der Schuld. Wer diese Fragen kennt, lebt bewusst im Zustand der Schuld – und ihm ist bewusst, dass es ein Menschheits-Zustand ist.

Man braucht nur ein wenig von der Soziologie seit den 60er Jahren mitbekommen haben, um zu wissen und zu begreifen, was gemeint ist. Die Revolte der 68er hat diese Erkenntnis in die Wirklichkeit geholt. Die vom Menschen selbst aufgebauten Strukturen beinhalten, je genauer man hinschaut, immer deutlicher das Unmenschliche, das die Soziologie dann unter anderem ‚strukturelle Gewalt' nannte.

Wo der Mensch zur Verwaltungsakte wird, verschwimmt die Grenze zu Systemen der Unmenschlichkeit, wie sie das 20. Jahrhundert in aller Schrecklichkeit erlebt hat. Doch die Überwindung von Nationalsozialismus, Stalinismus und anderen Grauen darf nicht darüber hinwegtäuschen, dass die Unmenschlichkeit noch immer zunimmt. Die strukturelle Gewalt liegt heute in der *Profitmaximierung*, der alles zum Opfer fällt – die (unschuldige!) Natur, die restlos und rücksichtslos ausgebeutet und zerstört wird, und die Menschen selbst: Alte, Kranke, jeder.

Jeder kann heute seine Arbeit und damit seine Lebensgrundlage verlieren. Jeder kann am Ende seines Lebens in einer seelenlosen Intensivmedizin oder ‚Altenpflege' landen, in der die menschlichen Minuten gezählt sind – und selbst noch diese unmenschlich bleiben.

Das Problem sind nicht nur die Strukturen, die der Mensch schafft. Das Problem ist auch der Mensch selbst. Die Strukturen sind nur so unmenschlich, weil der Mensch selbst es ist. Er sieht sich mit seinem eigenen Sündenfall konfrontiert – mit seiner eigenen Unmenschlichkeit.

Die Soziologie hat hinreichend gezeigt, dass das menschliche Bewusstsein bis heute – oder gerade heute – ein zerstörerisches ist. Es ist ein Bewusstsein, das sich so etwas wie die Atombombe ausdenken konnte – oder auch die Guillotine, Agent Orange, DDT, Glyphosat oder GNTM.[1]

Der Übergang zwischen Tod, Gift und Unterhaltung ist nur auf den ersten Blick überraschend. Es ist dasselbe Bewusstsein – der Mensch hat nur eines. Nicht nur das Bewusstsein des Wissenschaftlers, der Bomben und Gifte ersinnt, ist unmoralisch, sondern das des modernen Menschen überhaupt. Der Wissenschaftler erkennt zu spät, dass Forschung und ihre Anwendung (moralisch) gar nicht zu trennen sind. Die Nazis trennten das Vergasen von Männern, Frauen und Kindern von ihrem eigenen angeblich heilen Familienleben. Unbescholtene Familienväter unterschrieben Tötungsakte. Heute unterschreiben sie Hartz-IV-Sanktionen.

Und die Unterhaltung? Sie ist bereits *an sich* eine Demonstration der Unmenschlichkeit. Die Welt ist seit langem bewusstseinsmäßig miteinander verbunden. Seit es das Fernsehen gibt, erfährt der wohlhabende Teil der Welt alltäglich die Katastrophen, die sich durch Mensch und Natur ereignen – in handlichen Minutenblöcken, vorgetragen von sympathisch-unbeteiligten Nachrichtensprechern, gefolgt vom wirklich wichtigen Teil des Tages, der ‚besten Sendezeit', von dieser getrennt durch den Werbeblock.

Konditionierung heißt in der Verhaltensbiologie der Prozess, in dem ein Verhalten durch Belohnung oder Bestrafung so gelernt wird, dass es automatisch abläuft. Wenn ein Hund im-

---

[1] Agent Orange ist ein Entlaubungsmittel, das die Amerikaner im Vietnamkrieg einsetzten, um den Vietcong vollkommen besiegen zu können. – DDT ist ein hochgiftiges Insektengift, das sich in der Nahrungskette anreicherte, bis es in den 70er Jahren verboten wurde. – GNTM ist die Casting-Show ‚Germany's Next Topmodel'.

mer wieder bei einem akustischen Signal sein Fressen bekommt, löst sehr bald schon das Signal selbst seinen Speichelreflex aus. Das war die klassische Entdeckung, die Pawlow 1905 machte.

Die Soziologie, etwa die kritische Frankfurter Schule,[2] zeigte, wie sehr in den ‚modernen' Gesellschaften der ganze Mensch durch verschiedenste Strukturen, Normen, Tabus usw. in seinem ganzen Wesen fortwährend konditioniert wird. Die sexuelle Befreiung, die tiefgreifenden Proteste gegen Autoritäten, gegen patriarchalische Strukturen usw. haben für einige Jahre das Bewusstsein auf diese Realität gelenkt – ohne dass die bürgerliche und verbürgerlichte Mehrheit verstanden hat, um welche existentielle Frage es überhaupt geht. Die Mehrheit schlief weiter in ihren Konditionierungen – und sie schlief gut.

Diese Konditionierung aber setzt sich bis heute fort. Früher hieß sie zum Beispiel ‚Wohlstand' oder auch ‚Wir die Guten – sie die Bösen' (wahlweise im Westen wie im Osten), heute tritt immer mehr ein weiteres Element hinzu: der bloße *Genuss*.

Das Bewusstsein ist a-moralisch. Es kann die Nachrichten von den jüngsten Toten durch Anschläge, Bürgerkriege oder Naturkatastrophen konsumieren, dann die IKEA- und Coca-Cola-Werbung genießen – und schließlich den ‚Tatort' als den eigentlichen Genusshöhepunkt des Abends, falls nicht noch weitere folgen.

Die Nachrichten dienen also nicht einer wirklichen Betroffenheit, einem zunehmenden Menschheitsbewusstsein, sondern allein dem Zweck, ‚zu wissen, was in der Welt passiert'. Man möchte sich nicht als Autist fühlen – aber das ist auch schon alles. Man möchte allenfalls noch ‚mitreden' können. Über

---

[2] Max Horkheimer, Theodor W. Adorno, Herbert Marcuse, Erich Fromm und andere.

den ‚Tatort' kann man es ja sowieso, aber auch über ‚das Übrige' möchte man vielleicht ‚nicht ganz so dumm dastehen'. Konditioniert aber wird die Welt heute auf Genuss. Dieser wird also das Streben jedes Einzelnen. Und weil das Fernsehgerät doch etwas groß und unbeweglich ist, wurde das Handy erfunden. ‚Handy – handlich', dein Freund und Helfer. Das Fernsehen hat seine Stellung als Lieblings-Konditionierer des Menschen an ein neues Suchtmittel verloren. Es bleibt zur ‚besten Sendezeit' Aufenthaltsort Nummer eins, aber über den Tag hinweg verbringt der Mensch doch lieber viel mehr Zeit mit seiner neuen Geliebten, die er auch ständig berühren kann (‚touch me'). Und dann gibt es noch die Seitensprünge mit der Mega-Großbildleinwand in den Cinemax-Kinos, mit 3D-Erlebnis und in vielleicht schon naher Zukunft auch mit Ganzkörper-Sensoranzügen, so dass die virtuelle Realität wirklich mit jeder Zelle erlebbar wird.

Konditionierung auf Genuss ... Genuss und Ablenkung. Der Mensch soll nur noch ein bildschirm-starrendes und -wischendes intelligentes Tier sein, zu keinerlei Mitgefühl mehr fähig, aber beständig informiert, Sinnesreize und *Genuss* aufsaugend.

*

Was hier in drastischen, pessimistisch und vielleicht sarkastisch anmutenden Worten geschildert wurde, ist die menschliche Realität. Schlimm ist nicht so sehr, dass es die Realität ist, sondern dass sie als solche nicht bemerkt oder durchschaut wird, oder aber – schlimmer noch – dass sie voll bewusst so hingenommen wird. Man kann entweder unbewusst in diese virtuelle Megamaschine hineingesaugt werden – oder man kann voll bewusst sagen: ‚Her mit dem Genuss, die übrige Welt geht mich doch wirklich einen Scheißdreck an.'

Man kann das tun. Aber das eigene Bewusstsein unterscheidet sich dann nicht mehr von einem Nazi-Schergen.

Aber selbst wenn man ‚das, was in der Welt passiert', im Grunde ‚ziemlich schlimm' findet, unterscheidet man sich nicht von den vielen Mitläufern, die alles geschehen ließen, weil sie nicht den Mut und die Moral einer Weißen Rose hatten... Das ‚Schlimme' ist für die meisten Menschen eben doch nur ein Momentgefühl, mit dem sie sich beruhigen („Ja, ich bin noch ein Mensch'), um doch nur wenige Minuten später willig der eigentlichen Droge zu verfallen, die alles Schlimme gerade leugnet: Die Welt ist heil. Ja, du darfst jetzt den ‚Tatort' sehen. Du hattest gerade sekundenlang ein wenig Betroffenheit über Ereignis X, das reicht...

Machen wir uns klar, woraus das heutige Menschenleben besteht: aus wenigen Sekunden ‚Betroffenheit', aus vielen Stunden Leben, als würde man in einer ‚Normalität' leben und arbeiten – und aus vielen weiteren Stunden Genuss. Sowohl die einen als auch die anderen Stunden scheren sich wenig um das Wohl und Wehe der Welt. Die Stunden des Arbeitslebens verlebt man, ‚weil man es muss', und den Rest des Tages, weil man ‚ein Recht darauf hat'.
Konditionierung... Der Mensch ist zum Genuss-Tier geworden, das immer egoistischer nur noch an das Eine denkt: eben an den nächsten oder aber schon gegenwärtigen Genuss.
Der Genuss wird Gewohnheit, Sucht, Verhaltensfalle, nicht mehr zu entrinnen. Der Mensch ist konditioniert – er kann dann in keinen anderen Kategorien mehr denken ... und auch nicht mehr wollen.

*

Es macht prinzipiell keinen Unterschied, ob man allein oder zusammen mit anderen Menschen ein Sklave von Lust und Genuss geworden ist. Die meisten Menschen denken, wenn sie gemeinsam einer Sucht erliegen, sind sie sozialer und menschlicher, und in den engen Grenzen der unhinterfragten Konventionen stimmt das auch.

Der Mensch hat schon immer definiert, was ‚menschlich' ist. Für die Nazis war ‚menschlich' die Reinhaltung deutschen Blutes, für Andere ist es der abendliche ‚Tatort', die gemeinsame Rommé-Runde oder was auch immer an (Inter-)Aktivität ... während anderswo Menschen sterben, Natur unwiederbringlich vernichtet wird und anderes geschieht, ‚was man ja aber nicht ändern kann'. Dass es aber nicht einmal *interessiert*, will man nicht wahrhaben – denn das würde ja ‚die gute Laune' verderben.

Es ist natürlich selbstverständlich, dass man sich mit solchen Ausführungen wenig Freunde macht, dennoch ist die Drastik der Darstellung notwendig, weil nur so die Realität des heutigen Bewusstseins erfasst wird. Ob der Wille des Einzelnen ausreicht, sich mit dieser Erkenntnis zu konfrontieren, liegt bei diesem Einzelnen selbst. Die Realität *ist* wie geschildert. Der moderne Mensch denkt an sich selbst – und er wird auf den Genuss konditioniert.

Dass dies nicht als Problem gesehen wird, liegt im Wesen der Konditionierung selbst: Was zum Automatismus wird, wird nicht hinterfragt, es ist per Definition der *blinde Fleck* geworden.

Dies gilt um so mehr, als es *alle* betrifft. Die, die es weniger betrifft, weil sie zum Beispiel kein Smartphone haben, *sehen* teilweise noch deutlicher, was eigentlich geschieht – aber selbst sie sind ja längst durch andere Konditionierungen gegangen. Das Smartphone ist nicht das Problem, es vertieft und verfeinert dieses nur.

Das Problem von Heroin ist unmittelbar sichtbar. Und doch wird es nur der existentiell richtig beurteilen und empfinden können, der nicht schon sein Leben lang anderen Drogen verfallen ist.

Heile Familien- und Freundeszusammenhänge schützen nicht vor der Frage der Schuld. Familie und Freunde gab es immer – auch wenn selbst sie heute zu zerfallen drohen. Aber sie haben nie vor der Schuldfrage geschützt, allenfalls die *Illusion* der Schuldlosigkeit gewährt.

Natürlich: Man kann sich immer sagen: ‚ich bin nicht schuld‘, und man kann sich darin wunderbar gegenseitig bestärken. Aber auch das ist Konditionierung: Man muss etwas, auch eine Lüge, nur lange genug wiederholen, und es wird geglaubt. Der Mensch braucht solche Lügen. Er würde sonst an der Wahrheit zusammenbrechen. Er muss sich ‚gut‘ fühlen. Also tut er es, obwohl er schuldig ist.

Das ist Verdrängung – ein anderes, schon früh von der modernen Psychologie erkanntes Prinzip. Verdrängung ist sozusagen die ‚hauseigene Konditionierung‘. Was der Mensch nicht von außen eingeprägt bekommt, das impft er sich selbst ein: ‚Ich bin nicht schuld.‘ Die äußere Konditionierung wirkt dann nur verstärkend in derselben Richtung: „Ja, du bist nicht schuld. Und jetzt denk nicht weiter darüber nach – schau, der nächste Genuss wartet doch schon sehnlich darauf, von dir genossen zu werden.‘ Und der Mensch genießt ... er will ja schließlich nicht noch *darin* schuldig werden, den armen Genuss warten zu lassen. Den ‚Tatort‘ *nicht* zu gucken, wäre doch wirklich eine Sünde...

Auch diese Worte zeigen nur die tiefere Realität der heutigen Psyche. So tief ist die Konditionierung schon gedrungen, dass im Bewusstsein ein Wort wieder Gültigkeit gewinnt, das längst ausgedient hatte. Es wäre ja fast Sünde, einen Genuss auszulassen. So denkt der Süchtige – der Abhängige. Er *muss* genießen. Er erlebt den Genuss als für sich geschaffen – und sich als für den Genuss geschaffen. Der Genuss *darf* nicht ausgelassen werden. Es wäre eine für immer verschwendete und ‚suboptimal‘ genutzte Lebenszeit. Das darf nicht sein.

Ich darf nichts verpassen. Wenn ich mich von einem Hype ausschließe, fühle ich mich selbst wie amputiert. Was soll diese Askese? Alles mitnehmen, bei allem mitschwimmen, an vorderster Front, ein Junkie...

*

Das Problem war schon immer das Bewusstsein. In der Nazi-Zeit war es das kalt planende Bewusstsein, das eine Mord-Maschine in Gang setzte. In der Stalin-Ära war es dasselbe Bewusstsein. Auch heute ist es von seinem Wesen her dasselbe Bewusstsein – nur, dass es dazu übergegangen ist, dem Genuss zu frönen. Günstig für dieses Genuss-Bewusstsein ist, dass die Drecksarbeit und auch die Schuldfrage noch weiter verlagert wurde als zur Nazi-Zeit.
Die Gewalt ist so strukturell geworden, dass nach der Ent-Kolonialisierung nun ganz *unbemerkt* die gleichen Sklaven-dienste ablaufen. Noch immer bluten und sterben Natur und Menschen für unseren Wohlstand. Und wer heute noch nicht begriffen hat, dass man kein T-Shirt für drei Euro, keine Milch für achtzig Cent, kein Fleischkilo für fünf oder zehn Euro kaufen kann, ohne dass damit unsägliches Leid verbunden ist ... der ist nicht einfach dumm, sondern – was die auch nur etwas gebildeteren Schichten betrifft – zutiefst arrogant.
Jeder kann heute wissen, wie die hochtechnisierte, lebens-feindliche Landwirtschaft, aber auch Textilwirtschaft und nach wie vor überhaupt die internationale Weltwirtschaft ab-läuft, und wer sich dafür ,nicht interessiert', ist schlicht ab-grundtief egoistisch. Denn *verantwortlich* ist heute jeder, wahrhaben wollen es nur die Wenigsten.

Die Genuss- und Anspruchshaltung geht so weit, dass man lieber zehn Euro mehr für schnelleres Internet ausgibt als ein paar Cent für eine Landwirtschaft, die noch Leben auf den Äckern existieren ließe... Wieso sollte einen dies auch interessieren, da man doch ohnehin nur vor dem Bildschirm hängt, selbst wenn man mal mit dem Zug durch Landschaft fährt... Was ein *Schmetterling* ist, berührt doch in der eigenen Seele nicht einen Funken mehr...

Man sieht sicherlich überdeutlich, dass dies eine *Bewusstseinsfrage* ist. Der auf die virtuelle Welt und überhaupt auf Genüsse konditionierte Mensch verliert seine Menschlichkeit, sein menschliches Bewusstsein total – und an dessen Stelle tritt das eines intelligenten, aber nach vollem Genuss strebenden, gierenden und davon abhängigen *Tieres*. Dass der Mensch trotzdem ein Bewusstsein *hat*, täuscht ihm die Illusion vor, dass es nicht so wäre. ‚Ich bin doch kein Tier!' Natürlich nicht. Aber was macht dich zum Menschen? Die intelligente, immer mehr perfektionierte Genuss-Sucht?

Das Dilemma, die Schuld und die Krankheit des Bewusstseins kann man wie folgt zusammenfassen: Wir wissen alles – und wir ändern nichts. Diese Schuld ist schon uralt. Kain erschlug Abel und fragte dann Gott: ‚Soll ich der Hüter meines Bruders sein?' Der Mensch baute die Atombombe, er erfand die Massentierhaltung, und während der Syrienkrieg und Dutzende andere Kriege wüten, fiebert er bei ‚Germany's Next Topmodel' mit – oder genießt das Rund-um-die-Uhr-Angebot der Dutzenden anderer Sender. Das Problem ist nicht die Welt, das Problem ist die genügend große Auswahl an Unterhaltung – und das ist gelöst (zumindest befriedigend). Jeder Sender eine Ablenkung; wenn sie mich nicht befriedigen kann, wird zur nächsten gezappt. Viele Menschen sollen selbst ihre Lebensbeziehungen schon so gestalten...

*

Worin liegt also die *Krankheit* des Bewusstseins? In dessen Kälte, in dessen Genuss-Sucht und in dessen krassem Selbstbezug. Es sind Krankheiten, die sich addieren und potenzieren. Jede dieser Krankheiten wirkt in einer ähnlichen Weise, und doch können sie unterschieden werden. Das Furchtbarste an dieser Krankheit ist, dass sie immer mehr als Gesundheit gilt, also nicht nur als allgemein akzeptierter, sondern wirklich als *normaler* Zustand: Das ist der Mensch, so ist er und muss er sein – und so wird er auch konditioniert.

Es ist dann günstig, wenn sich die Krankheiten teilweise etwas widersprechen, wodurch man sich um so besser den Anschein geben kann, nicht krank zu sein.
Wenn ich gemeinsam mit Freunden den Genuss suche, bin ich doch nicht selbstsüchtig und schon gar nicht kalt? Im Gegenteil, ich bin ein sehr sozialer und normaler Mensch. Dass ich aber kalt und gleichgültig die Billigmilch kaufe, die die Kuh zu einem Leidenswesen macht, das fällt mir gar nicht auf – oder ich empöre mich noch: ‚Das machen doch *alle!*'
Ja, eben – es sind ja auch *alle* krank. Und es sind alle kalt und gleichgültig. Selbst wenn man es ‚im Prinzip ja auch nicht in Ordnung' findet.

Die Krankheit des Bewusstseins *besteht* genau darin, bei diesem ‚im Prinzip' zu bleiben – also bei der rasend schnellen Selbst-Rechtfertigung und -Freisprechung, die den blinden Fleck möglichst schnell wieder ‚auf Vollbild schalten' will.
Schuld sind ‚die Anderen'. Ich selbst kauf' ja nur, was im Regal steht. Soll ich etwa die Bio-Milch auch noch *suchen* – oder gar in einen anderen Supermarkt oder eines dieser Lädchen fahren und mich ‚dumm und dämlich zahlen'? Da schwimm' ich doch lieber mit dem Strom, denn die Mehrheit hat immer Recht, und der Rest sind nur penetrante Morali-

sten, die nicht wahrhaben wollen, dass mir die Kuh scheiß-
egal ist.
Das ist die Krankheit des Bewusstseins...

Die Dinge, die Wesen, die Realität interessieren nicht mehr –
und wo sie interessieren, ist der Einzelne, man selber, per
(Selbst-)Definition nie verantwortlich. Es sind immer Andere
– und wenn man *diese* verantwortlich machen kann, ist man
per Definition schon ein moralischer Mensch, denn man
selbst ‚würde so etwas ja nie tun‘. Aber mitmachen tut man...
‚Ja, weißt du, die Kuh steht ja eh in diesem Stall.‘
Richtig. Im Argumentieren ist das kranke Bewusstsein groß.
Darin besteht seine Leistung. Vernichtung und Selbstvernich-
tung – und alles inklusive lückenloser Begründung. Schuldlos
geht die Welt zugrunde.
Das ist die Krankheit des Bewusstseins...

*

Weil die Tragik dieser Krankheit darin besteht, dass der
Kranke sich für gesund hält und auch noch die Definitions-
macht hat – denn es geht um das *Bewusstsein* –, ist die Heilung aussichtslos.
Es sei denn ... die Krankheit ist noch nicht völlig fortgeschritten, oder es tritt ein Punkt auf, wo trotz allem die Sehnsucht
nach Heilung lebt.
Dies ist die einzige Hoffnung: Die Ahnung von und die Sehnsucht nach Heilung.

Dafür muss aber an die Möglichkeit der Heilung auch geglaubt werden. Es nützt nichts, die Krankheit zu erkennen
und zu sagen: ‚Diese Art von Krankheit ist leider unumkehr-
bar. Es ist ein Naturgesetz, dass der Verlauf dieser Krankheit
nicht umgekehrt werden kann.‘

19

Sehr viele Menschen argumentieren so oder denken so – auch unbewusst. Man sagt dann: ‚Der Mensch *ist* so.' Oder: ‚So verlief die Bewusstseinsentwicklung nun einmal – und so wird sie auch weiter verlaufen.'

Es wäre dann ein Naturgesetz, dass der Mensch immer kälter, selbstbezogener und genusssüchtiger würde. Damit aber würde man den Menschen vollends zum Tier machen – denn wofür sollte der Mensch *dann* noch verantwortlich sein?

Das Menschliche liegt aber gerade in der *vollen* Verantwortlichkeit für das eigene Schicksal – und sogar für das fremde Schicksal.

Der Mensch ist, was er aus sich macht. Das haben schon die ältesten Philosophen erkannt. Er kann wie ein Tier leben – oder wie ein Mensch.

Was aber ein ‚Mensch' ist, das kann er selbst bestimmen. Wenn der Mensch heute seine Lebensziele nach dem Genuss ausrichtet, bedeutet dies einen ungeheuren Fall der Idee des Menschen. Es hat Zeiten gegeben, da wurde der Mensch als jüngerer Bruder der Engel angesehen. Aber als was der Mensch sich auch immer ansieht oder empfinden kann – es liegt bei ihm...

Es wäre eine selbsterfüllende Prophezeiung, zu sagen: ‚Der Mensch ist ein intelligentes Tier, er strebte schon immer nach Bequemlichkeit und Genuss, der moderne Mensch hat dies nur perfektioniert.'

Wer den Menschen als Tier in diesem Sinne betrachtet, der konditioniert ihn (und sich) bereits – und damit *wird* der Mensch ein Genuss-Tier werden, dessen höchste Evolutionsstufe der Fernsehsessel sein wird, in dem er in seliger Bewusstseinsdumpfheit versinken wird, angeschlossen an die endlose Unterhaltung, die sein armseliges Lebenselixier werden wird.

Man kann pessimistisch sein, weil man *sieht*, dass Menschen sich so verhalten. Aber zu sagen, der Mensch *ist* so, ist nicht wahr. Denn der Mensch *ist*, was er aus sich macht. Und die Krankheit des Bewusstseins liegt gerade darin, dass der Mensch noch immer nur das Unmenschliche aus sich (und der Welt) machen will – oder aber gar nichts mehr... Konditionierung auf kalte Perfektionierung von Prozessen, auf Profitmaximierung oder auf immer seelenloseren Totalgenuss. Überall krankes Bewusstsein...

*

Wer dieser Krankheit verfallen ist, für den ist dieses Buch bis jetzt nur ein lästiges Ärgernis. Später wird es für ihn sogar wohl lächerlich werden. Der Kranke wird dann die Gesundenden für krank halten – oder schlicht für amüsant.

Aber dieses Buch wendet sich an jene, die den gesunderen Zustand noch sehr wohl (oder wieder) ahnen und ihn finden wollen, erreichen wollen. Es wendet sich an jene, die noch wissen oder zunehmend wieder ahnen können, was die Krankheit und die Gesundheit der Seele wirklich ist – und die die Krankheit *heilen* wollen.

*

Die Krankheit des Bewusstseins ist auch in *den* Menschen nicht geheilt, die sich für eine bessere Welt einsetzen. Ein Teil der Krankheit ist in ihnen geheilt oder (noch) nicht ausgebrochen, aber nicht die ganze Krankheit. Denn auch Umwelt- oder Menschenrechts- oder andere Aktivisten können auf andere Weise genauso kalt oder hitzig, jedenfalls unmenschlich, miteinander umgehen. So können sich sogar ‚Gleichgesinnte' gleichsam die Köpfe einschlagen, allein schon über die Frage, *wie* die Welt ‚gerettet' werden sollte.

Das mag ‚normal' sein – es zeigt ebenfalls nur, wie normal die Krankheit geworden ist.

Es ist ein abgrundtiefer Unterschied, ob man sogar seine Gegner achtet und überall das Menschliche empfindet (wie es etwa Rudi Dutschke leidenschaftlich tat), oder ob man sogar die ‚Gleichgesinnten' wüst heruntermacht, weil sie die ‚Wahrheit' nicht erkennen, die ‚richtige' Strategie nicht begreifen etc. Die Kälte ist selbst unter Aktivisten weit fortgeschritten, und schon manche unwesentliche Diskussion hat tiefe, unheilbare Gräben hinterlassen. Überall ist die Krankheit weit fortgeschritten.

Wie will man sich für eine menschlichere Welt einsetzen, wenn schon die Diskussionen darüber unmenschlich verlaufen? Wundert man sich dann darüber, dass andere Menschen *noch* unmenschlicher handeln?

Aber um an diesem Zustand etwas zu ändern, braucht es eine wirkliche, reale Ahnung von menschlicheren Zuständen, von einer ganz anderen Gesundheit der Seele – und eine *Sehnsucht* danach.

Menschheitlich war der Weg in die Schuld und in die Krankheit des Bewusstseins unvermeidlich – und so entstand der Mythos von der Unumkehrbarkeit. Aber der einzelne Mensch konnte und kann *immer* umkehren. Auf diese Weise würde schließlich auch eine menschheitliche Entwicklung in Gang kommen können.

Drogenabhängige sind aus ihrer Sucht ausgestiegen, Verbrecher haben sich völlig geläutert und sind bessere Menschen geworden als ihre Richter – die Menschheit kennt unzählige Beispiele existentieller Umkehr. Die Seele unterliegt nicht den Naturgesetzen, und so ist ihr eine Umkehr *immer* möglich, wenn sie nur den Willen dazu hat. Dieser muss jedoch, je nach Ausmaß der Umkehr, außerordentlich sein. Eine existentielle Umkehr erfordert auch einen existentiellen Willenseinsatz...

*

Eine Umkehr wird nur der suchen, der eine Sehnsucht danach hat und der unter seinem jetzigen Zustand leidet. Wenn man den Weg zur Umkehr finden will, gibt es also zwei Wege: der eine ist, das Leiden am jetzigen Zustand bewusst zu vergrößern; der andere ist, sich mit einem immer tiefgehenderen Bild von dem *anderen* Zustand zu durchdringen.
Beide Wege verstärken die Sehnsucht – der eine durch das Leiden an der gegenwärtigen Realität, der andere durch die zunehmende Anziehung der neuen Realität. Und es geht dabei ganz und gar um *innere* Realitäten: um das eigene Denken, Fühlen und Wollen und deren Qualität.

Wir alle sind Menschen; Was uns unterscheidet, sind zum einen die äußeren Lebensbedingungen, es sind aber mehr noch die Inhalte unserer Gedanken, Gefühle und Willensimpulse und noch mehr schließlich die *Qualität* des Denkens, des Fühlens und des Wollens. Diese ist es, die den einen Menschen zum Verbrecher und den anderen zu einem wahren Engel auf Erden macht. Sie ist es auch, die den einen Menschen in Öde und Leere des Lebens versinken lässt, während sie dem anderen einen wahrhaft unerschöpflichen Reichtum des Erlebens und Schaffens schenkt.

*

Beginnen wir mit dem ‚negativen' Weg – dem Leiden und Entbehren –, und machen wir uns bewusst, dass wir dies *wollen*. Wir wollen dies, wir wollen das Leiden kennenlernen, wir wollen es vertiefen, verstärken, weil wir wissen, dass wir nur so zu dem vollkommen anderen Zustand kommen können, den wir noch nicht kennen.

Wir brauchen im Grunde einen ersten Begriff von Heiligkeit – wir müssen es uns verbieten, nach diesem Zustand auch nur zu begehren, zu gieren, solange wir dafür noch nicht im Geringsten bereit sind. Es ist ein Zustand, der dem Menschen höchstes Glück schenken wird – aber er wird jedem Unwürdigen gnadenlos vorenthalten werden, denn dieser wird ihn einfach durch sein eigenes *Sein* niemals erreichen ... sondern *kann* ihn überhaupt erst erreichen, wenn er dafür würdig zu werden beginnt.

Man möchte meinen, dies sei im inneren Leben nicht anders als im äußeren, aber dass es im äußeren Leben so *ist*, *ist* bereits eine Widerspiegelung dieser inneren Gesetzmäßigkeiten. *Immer* muss man, wenn es regulär zugeht, eine bestimmte Würdigkeit erlangt haben, bevor man die zu ihr gehörige Stufe erreichen kann.

Im äußeren Leben kann man sich solche Stufen durch Betrug und falsche Macht erschleichen – im inneren Leben geht das nicht ... und mit dem Zustand, den wir erreichen wollen, ist es *prinzipiell* unmöglich.

Also brauchen wir einen ersten Begriff von Heiligkeit oder zumindest Bescheidenheit, Askese, das Wissen, dass Leiden und Entbehrung eine gewisse, vielleicht sogar lange Zeit dauern *müssen*, bevor sie das Tor zu etwas Neuem öffnen können.

Selbst der Süchtige weiß, dass er eine sehr harte Zeit vor sich hat, bevor er von der Droge losgekommen sein wird; der Mörder weiß, dass es sehr lange Zeit brauchen wird, bis ihm vielleicht vergeben werden kann. Der Fastende weiß, dass er schrecklichen Hunger durchmachen wird, bevor er keinen Hunger mehr spüren wird. Und der Ritter weiß, dass er sehr lange warten muss, bevor ... die Prinzessin seine Liebe vielleicht erwidert...

Sehnen wir uns also nach dem Leiden, wissend, dass wir ohne dieses nicht weiterkommen werden.

Wir können hier und jetzt noch abbrechen. Wir können uns zurücksinken lassen in unser bisheriges Leben – in all das Angenehme, Unterhaltende, Bequeme, Einfache, Geregelte. Wir können der Versuchung nachgeben. Dem Drang. Der Sucht. Der Angst vielleicht auch – vor dem Neuen und vor dem, was es von uns fordert. Es liegt bei uns. Wir entscheiden. Aber auch die Angst in uns entscheidet. Auch die Sucht in uns. Und vielleicht auch das Leiden in uns.

Es kommt eigentlich immer darauf an, *jene* Kräfte in sich zu finden und zu verstärken, die den Ausschlag geben können – und sollen.

Wenn ich vor einem Sprung stehe und mich nicht traue, was kann ich dann tun? Ich kann auf meine Angst hören, mich von ihr überwältigen lassen. Ich kann mir Illusionen über die Weite oder die Tiefe machen, mir einreden, es wäre ‚alles nicht so schlimm'. Ich kann aber auch jene Kräfte in mir stärken, die selbst diesen weiten oder tiefen Sprung schaffen können. Ich kann den *Mut* in mir suchen und finden, aufrufen, entfalten. Ich kann mich auf meinen *Willen* besinnen – darauf, dass ich springen *will*. Vielleicht sogar auf die Notwendigkeit: darauf, dass ich springen muss. Dass ich muss und will.

Es sind die Kräfte, die in meiner Seele leben und sich entfalten, die von mir gestärkt oder nicht gestärkt werden, die mich von etwas abhalten, mich scheitern lassen oder mich etwas erreichen lassen – sogar etwas, was ich mit meinem gewöhnlichen Denken nie für möglich gehalten hätte.

Vertiefen wir uns also in das Leiden. Auch dieses ist eine Kraft – sogar eine sehr große. Das Leiden kann im Seelischen dasselbe sein wie die Sprungkraft im Körperlichen: Es kann uns über einen Abgrund tragen ... wenn wir dann einmal wirklich springen. Dafür muss diese Kraft aber groß genug werden. Verstärken wir also eine scheinbar negative Kraft, die jedoch nur dazu dient, uns an einem negativen Zustand auch wirklich leiden zu lassen. Minus mal Minus wird Plus...

Entscheiden wir uns also, was wir wollen. Und machen wir uns von Anfang an klar, dass wir niemanden als uns selbst für irgendetwas verantwortlich machen können, was wir tun. Auch das ist eine Kraft: die Verantwortung für das eigene Innere nicht mehr von sich zu schieben, an keinem kleinsten Punkt, sondern sie voll zu übernehmen.
Wenn ich mich auf den Weg mache ... übernehme ich die Verantwortung, einschließlich aller Schwierigkeiten, die sich auftun werden. Wenn ich sitzen bleibe, übernehme ich die Verantwortung – einschließlich all dessen, was ich nicht erreiche und was mir verwehrt bleibt. Denn niemand verwehrt mir etwas, *ich* bleibe sitzen und mache mich nicht auf den Weg. Niemanden kann ich verantwortlich machen, in keinem Fall.

Dann hört das Leben auf, bequem zu sein, selbst in der Bequemlichkeit. Es gab immer diesen schönen Ausweg, wo man sagen konnte: ‚Das ist nun mal so. Daran sind die Anderen schuld, das Leben, ‚die da oben', der-und-der...' Das geht jetzt nicht mehr. Ob ich im bisherigen Leben sitzen bleibe, oder ob ich das *Leiden* verstärke und damit leise aufstehe, zurückblicke, mich abwende und vorwärtsgehe, in eine noch ungewisse Zukunft, das liegt bei mir. Wenn ich nichts tue und mich in das Gewohnte zurückflüchte, übernehme ich die Verantwortung. Wenn ich mich davon zu verabschieden beginne, übernehme ich sie auch.

Wer es will, findet also in der Vertiefung des Leidens eine *Kraft*, die es ihm ermöglichen wird, den ungeheuren Sog des bisherigen Lebens zu überwinden und allmählich hinter sich zu lassen.
Und nach wie vor ist damit auch die *Qualität* gemeint, die unser eigenes inneres Seelisches hat. Denn das Gewöhnliche, aus dem sich schleichend Öde, Leere und Sinnlosigkeit ausbreiten, liegt auch *hier* und gerade hier. Und doch kommen wir an dieses Gebiet nur ganz allmählich heran. Zuerst müssen wir wirklich das Leiden kennenlernen.

*

Die Vertiefung der inneren Kräfte geschieht auf dem Weg der *Besinnung*.

Besinnungslos gehen wir durch das Leben. In der Besinnung liegt die Kraft verborgen. In ihr kann sich Wesentliches von Unwesentlichem zu scheiden beginnen. Und das ist so, weil die Seele zur Ruhe kommt – und weil in der Ruhe tatsächlich auch die Kraft liegt.
Es ist wirklich so, dass die Seele besinnungslos durch das Leben läuft, rennt – und zugleich blind sitzenbleibt. Besinnung

bedeutet ein Zweifaches: Ein Anhalten (oder ein Aufstehen) – und ein *Anschauen*. Man kommt zur Besinnung – das ist ein Heraustreten aus dem Bisherigen –, und dann besinnt man sich. Mit einem neu sich entfaltenden Sinn schaut man auf seine ganze Lebenssituation und auch auf sich selbst. Besinnung ist und wird Selbsterkenntnis. Und sie ist und wird ein Zu-sich-selbst-Kommen.

Darin liegt wieder ein Zweifaches. Denn darin liegt auch, dass man vorher noch gar nicht bei sich *war*. Dass man zum Beispiel ein Leben gelebt hat, das gar nicht wirklich das eigentliche war. Dass es *noch* jemanden gibt, der man selbst in viel tieferer Wirklichkeit ist und zu dem man jetzt erst langsam kommt – oder der jetzt erst langsam zu einem kommt. Zu sich kommen...
Das kann ein sehr langer Prozess sein. Man kann ihn gar nicht groß und wichtig genug nehmen. Besinnung und zu sich kommen ... das ist die Frucht des Leidens.

Dieses Leiden müssen wir also lernen. Wie macht man das? Wir müssen jenen Punkt finden, *wo* wir leiden, und uns in diesen vertiefen.
Normalerweise ist die Bewegung gerade umgekehrt: Die Seele leidet an einem Punkt, und sofort verwandelt sich dieser Punkt in einen blinden Fleck. Die Seele will nicht leiden, also *leugnet* etwas sehr Mächtiges in ihr das Leiden. ‚Ich leide nicht – es ist alles in Ordnung‘.
Wir wollen diese Bewegung *umkehren*. Wir wollen uns fähig machen, den Punkt des Leidens sehen zu lernen. Ihn empfinden zu lernen. Ihn ertragen zu lernen. Noch tiefer seinen Ursprung aufzuspüren. Und auf diesem Wege das Leiden zu *vertiefen*.
Das Leiden hat einen Ursprung, eine Quelle, und dieser Quelle wollen wir entgegengehen. Auf diesem Wege wird sich das Leiden notwendigerweise vergrößern. Und genau das wollen

wir. Wir wollen dahin kommen, an unserer bisherigen Lebensweise so intensiv zu leiden und an ihr so sehr zu erschrecken, dass wir gerade dadurch jene starke, ungeheure Kraft finden werden, die uns zu einem neuen Ufer tragen kann.

*

Der Weg, das Leiden zu vertiefen, ist natürlich so verschieden wie das Leben der Menschen. Deswegen kann ein Versuch, diesen Weg zu beschreiben, nur beispielhaft sein – doch er kann ja beliebig auf andere Gestalten dieses Weges übertragen werden.

Man nehme sein Leben und besinne es, man halte inne und frage sich wirklich, wo man steht. Wie alt man ist. Was man täglich tut. Man denke es sich fortgesetzt über weitere Jahre, weitere Jahrzehnte... Man stelle sich selbst seinen eigenen Tagesablauf vor. Zwanzig Uhr fünfzehn: ‚Tatort'. Fünf Jahre später, zwanzig Uhr fünfzehn: ‚Tatort'. Zwanzig Jahre später: Zwanzig Uhr fünfzehn: ‚Tatort'...
Man beginne, auf die leisesten Zeichen des Empfindens der Sinnlosigkeit, der Wertigkeit oder der Wesentlichkeit zu achten, und man versuche, diesen Empfindungen *nachzulauschen*. Man erlebe, wie sie irgendwo in der Seele aufsteigen, und man versuche, den Punkt zu finden.

Es geht um eine ernsthafte, innere Besinnung. Man braucht dafür absolute Ruhe, innerlich und äußerlich, und geschlossene Augen. Es ist eine Seelenerforschung, die so ernst ist wie die wichtigste äußere Reise. Wir werden überhaupt nur in dem Maße zu Früchten kommen können, wie wir den *vollen* Ernst walten lassen. Das, was wir tun, muss uns wirklich *wichtig* werden. Auch hier müssen wir in ganz neuer Weise die volle Verantwortung für unser Tun übernehmen. In der

Besinnung liegt die Kraft, aber wir müssen die Besinnung vollständig machen; dazu müssen wir sie mit vollem Ernst betreiben. Sie muss uns so wichtig werden wie ein entscheidendes Vorstellungsgespräch, viel wichtiger als der abendliche ‚Tatort'...

Wenn wir es schaffen, einen solchen Ernst in unserem innerlichen Leben, das wir jetzt kennenlernen, *wirklich* zu verwirklichen, schaffen wir bereits etwas Ungeheures. Es ist von unendlichem Wert. Der *Ernst*, den wir im inneren Leben aufbringen können, ist eine unendliche Kostbarkeit und Kraft. Er ist es, der in unserer Zeit am allermeisten fehlt und dessen Fehlen den Gegenmächten die allergrößte Macht gibt: der Ernst. In der Ruhe liegt die Kraft – aber im Ernst liegt das Ausmaß dieser Kraft...

Besinnen wir uns also mit tiefem Ernst auf das, was unseren Lebensinhalt etwa ‚zur besten Sendezeit' ausmacht – und versuchen wir, auf die Empfindungen der Nichtigkeit, der Leere, des Unwesentlichen, der Traurigkeit zu achten, die dann aufsteigen – und spüren wir ihnen nach.
Sie sind zart und flüchtig, diese Empfindungen, aber indem wir lernen, ihnen nachzuspüren, werden sie gleichsam ‚zutraulicher', schließlich sogar ‚treuer', tiefer, bleibender.
Indem wir in diesen feinen Empfindungen für immer längere Augenblicke zu verweilen lernen, können wir lernen, uns in sie zu vertiefen, wodurch auch sie sich vertiefen. Und immer genauer lernen wir auch, gleichsam den Punkt, den Ort zu erleben, wo sie aufsteigen. Immer intensiver lernen wir, in unser Inneres, unsere Seele einzutauchen. Es ist ein unräumliches reines *Innen*.

Der Zuwachs der Kraft liegt dann in der *Wiederholung* – aber auch diese muss den vollen Ernst behalten. Kaum jemand wird sein Leben schlagartig an einem Tag ändern können.

Aber wenn die beschriebenen Empfindungen Tag für Tag immer wieder gesucht werden, mit Ernst, mit Treue, mit Vertrauen, dann werden sie allmählich die in ihnen verborgen lebende Kraft entfalten und uns das schenken, was wir suchen: das wirkliche Leiden an dem Alten.

Wir leiden verborgen, sonst hätten wir diesen Weg nicht gesucht und betreten. Aber das Verborgene muss offenbar werden, es muss sich offenbaren, es muss ganz offen eine Realität und eine Kraft werden. Wir müssen in vollem Umfang und eindeutig an dem Alten leiden lernen. In voller Wahrhaftigkeit und mit ganzem Ernst. Mit unserem ganzen Wesen. Das, was bisher fast ganz Genuss – oder zumindest Gewöhnung – war, muss *auch* Leiden werden. Das Leiden, das in einem verborgenen Teil unserer Seele begann und entsprang, muss sich auch auf den übrigen Teil unserer Seele ausbreiten. Wir müssen uns mit dieser Kraft des Leidens an dem Alten *durchdringen*.

*

Aber dann muss auch ein Bild, ein Begriff, ja, ein erstes Ideal des Neuen in uns leben können.

Wir können schwerlich an dem Alten verzweifeln, wenn wir gar nicht begreifen und erleben können, *warum* es dies ist. Zwar fühlt die Seele die Sinnlosigkeit letztlich *immer*, weil sie immer schon einen verborgenen Begriff und ein tief verschüttetes Wissen von dem wahrhaft Sinn-vollen hat, aber stark wirksam kann dies nur werden, wenn wir es in die Bewusstheit heben.

Wir brauchen also ein sehr bewusstes und bewusst herbeigeführtes und vertieftes Leiden an dem Alten – und wir brauchen dafür auch bereits ein immer bewussteres Wissen und Erleben von dem, was das Neue wäre.

Wir müssen also in zweierlei Weise in unsere Seele eintauchen können. Zum einen müssen wir immer feiner empfinden, wo die Seele mit Recht immer mehr das Sinnlose und Unwesentliche erlebt – und dürfen nicht aufhören, dem immer wieder nachzuspüren und es mit großem Ernst zu vertiefen –; zum anderen müssen wir immer feiner und mit wachsender Sehnsucht empfinden, in welcher Richtung das Neue liegt, welche Qualität es hat, das wirklich Neue, in dem erst der tiefste Sinn lebt...

Es ist in gewisser Weise ein Paradox oder ein großer Punkt der Prüfung. Einerseits brauchen wir das Bild des Neuen, andererseits muss uns das Leiden am Alten erst so weit verändert haben, dass wir das Neue auch mit der entsprechenden Ehrfurcht empfinden können. Um diese ebenfalls neuen Gefühle kommen wir nicht herum. Sie sind das Tor, durch das das Neue allein wahrhaft gefunden werden kann. Denn das Neue ist etwas Heiliges – und wem nichts heilig ist, der wird vielleicht am Alten verzweifeln können, aber eine mehr oder weniger lange Zeit leidend herumirren müssen, bis auch er gelernt hat, etwas heilig zu halten oder als heilig empfinden zu können.

*

Die Unschuld ist schlechthin etwas Heiliges. Wir müssen das Heilige wieder empfinden können, sonst werden wir auch die Unschuld niemals finden. Und dass die Seele fähig wird, wieder *Heiliges* zu empfinden, *ist* bereits einer ihrer Schritte hin zur Unschuld.

Unschuld – es gibt wenige Worte im Deutschen, die so schön sind wie dieses eine Wort. Die Vorsilbe ‚Un-' bedeutet sonst fast immer etwas negativ Verneinendes, einen Mangel, ein Übel, eine Schwäche. Hier bedeutet sie das absolut Positive, das gerade noch ganz Paradiesische. Unschuld – das ist Reinheit, vollkommene moralische Reinheit, als innerster Zustand der Seele. Unschuld... Es ist der heilige Zustand noch *vor* aller Schuld. Man muss die Heiligkeit, die unendliche Schönheit dieses Zustandes und auch dieses Wortes empfinden lernen: Unschuld...

Kleine Kinder sind unschuldig, aber sie sind für unseren Bewusstseinszustand weit weg – auch wenn wir alle das Wort kennen: ‚Wenn ihr nicht werdet wie die Kinder...' Wir brauchen ein anderes Bild, in das wir uns vertiefen können, um wirklich zu einem intensiven Erleben der Unschuld zu kommen. Wir müssen einen Zustand finden, in dem der Mensch normalerweise bereits längst ‚schuldig' geworden und der Bewusstseinskrankheit verfallen wäre, in diesem Fall aber trotzdem noch immer unschuldig ist. Man könnte an Christus denken, aber dies war zugleich ein göttliches Wesen. Man könnte an Parzival denken, ‚der reine Tor'. Ich komme immer wieder zu dem Bild des *Mädchens*. Und gerade dieses *ist* auch das Bild für die unschuldige oder wieder unschuldig gewordene Seele.

Vertiefen wir uns also in das Bild des Mädchens, des unschuldigen Mädchens. Es geht um ein Mädchen mit einer zutiefst reinen Seele – in einem Alter, in dem auch die Mädchen längst an alles Mögliche denken und in dem auch ihre Seele längst von allem Möglichen durchzogen ist, nur nicht mehr von der völligen Reinheit... Wir vertiefen uns also in ein Ideal, man kann auch sagen, in ein Bild, wie es in den Märchen lebt. Und doch lebt die *Kraft* zu dieser Reinheit in jeder einzelnen Seele. Wir vertiefen uns in das Bild desjenigen Wesens, in dem diese Kraft die ganze Seele ausfüllt – und haben vor uns das Bild eines vollkommen unschuldigen Mädchens, eines Mädchens mit einem vollkommen reinen und vollkommen guten Herzen.

Man möchte dieses Bild eigentlich gar nicht beschreiben, denn es sollte seine Heiligkeit, seine Tiefe und sein wahres Leben in jeder Seele auf jeweils einzigartige Art und Weise entfalten. Aber das tut es heute nicht mehr ohne Hilfe. In meinen Romanen taucht dieses Ideal – oder das, was davon in durchaus real existieren könnenden Mädchen und jungen Frauen leben kann – immer wieder auf. Und auch hier will ich versuchen, in dieses Bild hineinzuführen. Der Leser sollte dabei so innig wie möglich versuchen, zu empfinden, dass es hier um ein reales *Urbild* geht – um ein Sich-Annähern an das Mysterium der Unschuld selbst.[3] Und er sollte auch hier wiederum mit einer heiligen Sehnsucht versuchen, zu empfinden, *was* in ihm eine Sehnsucht danach hat, wo der Ort dieser Sehnsucht liegt...

*

Das unschuldige Mädchen...

Beginnen wir bei seinem Äußeren. Nein, beginnen wir bei seiner Umgebung. Es lebt umgeben von viel Natur – in einem Dorf, auf dem Land, vielleicht am Rande eines großen Waldes. Oder es ist die Tochter eines armen Köhlers, der mitten im Wald seine armselige Hütte hat.

Wir dürfen unserer Phantasie freien Lauf lassen. Wir wollen uns einem Urbild nähern und *müssen* sogar die Beschränkungen der Realität, der *einschränkenden* Wirklichkeit hinter uns lassen, um an dieses Urbild heranzukommen. Sonst würde für immer diese uns allzu bekannte Wirklichkeit mit ihrem gewöhnlichen, profanen, ja hässlichen Antlitz verhindern, dass wir zu diesem Urbild vordringen. Werfen wir sie also ganz ab.

---

[3] Siehe mein Buch ‚Von den Mädchen. Das Mysterium der Unschuld.'

Die Natur, das Dorf, Wiesen, Sonne, Wind, Regen, Vögel – sie sind die Umgebung des Mädchens. Der Gang der Jahreszeiten, das Eingebundensein in den Rhythmus dieser reich schenkenden, aber auch nicht immer gnädigen Natur. Sie schenkt unendlich viel, aber sie fordert auch viel, zuallererst Fleiß, Treue, Vertrauen ... Ergebenheit. Hier gibt es keinen ‚Tatort‘... Hier gibt es das Rauschen des Windes in den Bäumen, die kleine Spinne in ihrem Netz an einem tauüberglänzten Morgen, die erschöpfte, aber erfüllte Ruhe nach dem Tagewerk. Es ist eine Welt, die unsichtbar und sichtbar überall durchwoben ist von Schönheit und Sinn, scheinbar schlicht und doch unendlich tief...

Das Mädchen trägt ein Kleid. Längst haben wir die Beschränkungen der uns bekannten Alltagswelt hinter uns gelassen. Sonst könnte etwas in einem auflachen und spöttisch fragen: ‚Welches Mädchen trägt heute noch ein Kleid? Willst du zurück zu festen Geschlechterrollen?‘ Nein, wir wollen noch viel *weiter* – wir wollen zu dem Urbild des unschuldigen Mädchens gelangen. Das werden wir nicht können, der Weg wird uns versperrt bleiben, solange noch *Spott* und Unwille in der Seele sitzen. Es muss ja sogar der ganze Alltag vergessen werden. Der *ganze!* Wir erreichen das unschuldige Mädchen nur mit einer Empfindung der Heiligkeit; nur in dem Maße, wie wir für die Zeit dieser Suche zumindest annähernd so werden und so empfinden können wie sie, die wir suchen. Wir werden sie sonst nicht finden...

Das Mädchen trägt das Kleid nicht, weil es muss, sondern weil es *will*. Warum sollte es nicht? Was sollte es sonst tragen? Das Kleid ist schön – *jedes* Kleid ist schön –, und es gibt nichts, was so sehr zu dem Mädchen passt wie das Kleid. Es ist ihm gar nicht bewusst, es fühlt sich in dem Kleid einfach wohl, es selbst. In anderer Kleidung würde es sich so fühlen, wie viele Menschen sich in einem Anzug fühlen: verkleidet, fremd. In dem Kleid aber ist es ganz, was es ist: Mädchen.

Und es ist schön, das Mädchen. Warum? Weil sein ganzes Wesen in einem vollen Einklang auch mit seiner äußeren Erscheinung lebt, in der es sich gleichsam widerspiegelt. Es ist eine schlichte, reine Schönheit, die keinerlei Unterstreichung braucht – so, wie die Natur selbst auch keine künstlichen Hilfsmittel braucht, um wunderschön zu sein. Die ganze Gestalt des Mädchens strahlt still leuchtend wie die Morgensonne eines aus: *Unschuld* – die unbeschreibliche Schönheit der Unschuld...

Was aber das Wesen eines Menschen ist, spiegelt sich in jeder kleinsten Geste wieder. Haben die Menschen heute noch ein Wesen – oder werden sie immer wesenloser? Oder kommt es immer weniger zur Erscheinung? Bei dem Mädchen kommt noch *alles* zur Erscheinung, und ihre Unschuld lebt in jeder ihrer Bewegungen.

Die deutsche Sprache hat ein einzigartiges Wort geschaffen, das gerade dies auszudrücken vermag – die unvergleichliche Erscheinung der Unschuld. Das Wort ist unübersetzbar – so, wie die Unschuld unmittelbar erkannt und erlebt werden muss, nicht ‚abgeleitet' werden kann. Die Unschuld des Mädchens taucht jede seiner Bewegungen in *Anmut*.

So, wie man sie nicht übersetzen kann, kann man sie auch kaum weiter beschreiben. Es ist eine Sanftheit, die aus der Unschuld hervorgeht – eine Sanftheit, eine Reinheit, auch eine reine, stille Liebe. Wie könnte in der einzelnen Handlung und Bewegung auch etwas anderes leben als das, was in seinem ganzen Herzen lebt?

Wir müssen wirklich versuchen, ein deutliches Bild davon zu gewinnen – und zu spüren, dass diese ganze Anmut des Mädchens nichts Aufgesetztes ist, auch nichts Einförmiges, sondern etwas zutiefst Lebendiges ... und tief Anrührendes.

Hier liegt auch der ‚Ort', wo unsere Sehnsucht entspringt. Das Wesen des Mädchens – warum rührt es uns so an? Wo genau ist der Ort, an dem es unsere Seele berührt? Welche Berührung empfinden wir? Empfinden wir es als eine heilige Suche: *Warum* werden wir berührt? Warum...

Die Anmut des Mädchens lebt schon in seinem Erwachen. Anders als andere Menschen schlägt es die Augen auf, anders erhebt es sich, steigt aus seinem Bett... Man muss lernen, sich in seelische Stimmungen hineinzuversetzen, Empfindungen, Empfindungs*nuancen*. Es sind so viele kleine Nuancen – und sie alle bilden die Anmut des Mädchens, seine Unschuld. Warum unterscheidet es sich so sehr von anderen Menschen, was *ist* es, was der Unterschied ist? Es sind Qualitäten, die unmittelbar erlebt werden, weil sie unmittelbar anrühren. Aber erst, wenn sie uns *bewusst* werden, beginnen wir, zu begreifen, was es ist – und können bewusst immer mehr in das Erkannte eintauchen, um uns noch *tiefer* berühren zu lassen.

Das ist Begegnung mit dem Wesen des Mädchens – ein immer tieferes Sich-anrühren-Lassen und ein immer tieferes Erkennen, das Eine durch das Andere.

Qualitäten sind es, die wir lernen müssen zu empfinden. Sie alle fließen in der Anmut zusammen, bilden die Anmut, sind Aspekte dieser reinen Anmut – aber je tiefer wir sie empfinden können, desto tiefer werden wir auch die Anmut selbst empfinden können.

Anders erwacht das Mädchen, anders erhebt es sich... Was sind diese Offenbarungen der Anmut, die wir an dem Mädchen wahrnehmen, aber nicht an anderen Menschen? Vielleicht *dann* auch an anderen Menschen, in Ansätzen, aber nur, weil wir sie in ihrer vollen Reinheit und Intensität an dem Mädchen *sehen* gelernt haben?

Da ist die unbeschreibliche *Sanftheit*. Sanft schlägt das Mädchen beim Erwachen seine Augen auf, sanft und unschuldig. Die Unschuld *liegt* in der Sanftheit – und die Sanftheit in der Unschuld. Zart und weich erhebt sich seine Gestalt – wiederum vollkommen unschuldig. Es geschieht alles, weil es in seinem Wesen liegt. *Dieses* ist weich und unschuldig. Es folgt seinem Wesen – und jede kleine Bewegung nimmt dessen Färbung an, wird unschuldig...

Alles ist von dieser anrührenden Sanftheit durchdrungen. Sie zeigt das Wesen des Mädchens, sie offenbart auch seine Empfindungen. Auch diese sind so sanft, so unschuldig. Ihre Weichheit und Tiefe können die ganze Welt in sich aufnehmen – die Schönheit der Morgensonne ebenso wie das Leid eines verletzten Tieres; die Freude irgendeines anderen Menschen ebenso wie die nicht leichten Pflichten eines jeden neuen Tages... Das Wesen des Mädchens liegt in seinem Herzen. Dieses ist so gut, so weich, so sanftmütig, dass es dadurch unendlich empfindsam wird. *Dies* ist das heilige Geheimnis seiner Unschuld...

Dieses Heiligtum müsste man in heiligen Stunden innerster Stille immer tiefer, anrührender empfinden lernen ... man wäre mitten auf dem Weg in das Heiligtum...

*

Die Begegnung mit diesem Mädchen ist die Begegnung mit der Unschuld selbst. Alles an seinem Wesen ist unschuldig, still leuchtend in seiner Unschuld – und der reinste Teil unserer Seele *fühlt* dieses Wunder in seiner ganzen Tiefe ... und liebt es und fühlt sich zu ihm hingezogen. Und der übrige Teil der Seele geht darüber hinweg und kann das Heilige nicht begreifen, nur sich darüber lustig machen.

Wir haben eine Entscheidung zu treffen. Und wir haben zu erkennen, dass dieser eine Teil unserer Seele, der vielleicht sehr groß ist, absolut *unfähig* ist, das Wunder der Unschuld, das Heilige, das Reine dieses Mädchens zu begreifen und es lieben zu können, existentiell, mit tiefer Sehnsucht. Und dass es nur einen Teil unserer Seele gibt, der dies kann – und längst tut.

Und die Entscheidung, die wir zu treffen haben, ist, welchem Teil wir uns *zuwenden* wollen, mit welchem Teil wir uns mehr und mehr identifizieren wollen, welchen wir vertiefen wollen. Jener Teil wird es sein, dessen Wesen sich dann immer mehr ausbreiten wird, um den anderen Teil zu verwandeln...

So gerät die Seele immer weiter in die Gefangenschaft der profanen, oberflächlichen, irdischen, kalten, unmenschlichen Gedanken, Emotionen und Impulse – oder aber immer weiter in die heilige Sphäre der Unschuld, all ihre Triebe, Empfindungen und Gedanken Tag für Tag läuternd, heiligend, dem Wesen dieses Mädchens verwandt werden lassend...

Worauf es ankommt, in jenem einen Moment, wo unser Wesen dem reinen Wesen dieses Mädchens begegnet und es für diesen einen Moment *erlebt* ... ist die lebens-entscheidende Frage, wie sehr wir dieses Mädchen zu *lieben* beginnen. Es ist eine existentielle Frage.

Wenn selbst *sein* Wesen unsere Seele nicht mehr anrühren kann, ist diese verloren. Sie ist unberührbar geworden. Sie kann das reine Wesen der Unschuld nicht mehr empfinden; sie kann noch wissen, was Unschuld ist, aber sie fühlt nichts mehr, nichts Existentielles, nichts Wesentliches, nichts Tiefes. Ihre Empfindungsfähigkeit ist über einen entscheidenden Punkt hinaus abgestorben.

Eine Seele, die sich nicht mehr berühren lassen kann, ist tot, auch wenn sie noch nicht völlig tot ist. Die Fähigkeit, sich anrühren zu lassen, ist das Leben der Seele. Dass dies heute so wenig begriffen wird, sagt viel über unsere ganze Zeit – wir leben in der Zeit des *Seelensterbens*.

Unsere ganze Gegenwart basiert darauf, sich *nicht* berühren zu lassen, nicht in der Tiefe. Der moderne Mensch ist stolz darauf. Obwohl es bei der Jugend belächelt wird, huldigt unsere ganze Gegenwart dem Kult der Coolness. Jeder, der etwas auf sich hält, sucht äußeren Erfolg, äußere Geltung, Durchsetzungsvermögen. Was heute gilt, ist die Fähigkeit, nicht klein beizugeben, Bescheid zu wissen, mitreden zu können, zu allem eine Meinung zu haben und sie auch zu sagen. Sich nicht unterkriegen lassen, sondern sich behaupten und sich durchsetzen – im Beruf, im Privatleben, an der Supermarktkasse, wenn einem ‚einer blöd kommt'. Das ist das Ideal der heutigen Zeit, das ist ihr Kult.

Und niemand merkt, wie sehr dies mit einer wachsenden Coolness, einer zunehmenden Empfindungsarmut, einem Absterben des reinsten Teiles unserer Seele zu tun hat. Niemand merkt, wie sehr wir uns damit Minute um Minute von jenem Mädchen entfernen – nicht nur von ihm, sondern sogar von der bloßen Möglichkeit, das Reine und damit das Heilige seines Wesens noch tief empfinden zu können. Wenn wir es aber nicht mehr können, kann es uns auch nicht mehr retten. Das Einzige, was uns retten kann, *ist* die Fähigkeit, sein Wesen tief zu empfinden ... und von einer Liebe zu diesem Wesen erfasst zu werden.

Alles kommt darauf an, jenen Teil in der eigenen Seele zu finden, der dies vermag – oder dem dies geschieht. Jener Teil der Seele, der das unschuldige Mädchen in aller Tiefe lieben kann, ist ihr reiner Teil. Hier liegt die Sehnsucht nach der Unschuld, hier liegt die Liebe zu ihr, hier liegt der Ort der

heiligen Verwandlung ... wenn wir unser Wesen an diesen Ort versetzen können.
Können wir mit unserem Inneren ganz an diesen Ort gehen? Können wir uns ganz eins werden lassen mit dem in uns, der dieses Mädchen liebt? Können wir ganz bewusst das tun? Das unschuldige Mädchen lieben?

Es ist ein Unterschied, ob der reinste Teil unserer Seele von seinem Bild und seinem Wesen angerührt wurde, oder ob wir bewusst in diesen Punkt eintauchen und unsere ganze Seele an diesen Punkt der Liebe zu diesem Mädchen bringen.
Was wir *bewusst* tun, damit verbindet sich unser Wesen. Es ist dann nicht mehr nur ein Teil unserer Seele – und sei es der reinste –, der das heilige Wesen dieses Mädchens liebt, sondern wir bringen wieder unsere *ganze* Seele an jenen ‚Ort' und in jene Verfassung, wo sie berührt werden kann und will. Der Ort, an dem das Wesen dieses Mädchens geliebt wird, ist der *heilende* Ort, der rettende Ort. Hier wird die Seele wirklich gerettet.
Aber sie muss sich an diesen Ort *bringen*.

*

Die Welt, wie sie heute beschaffen ist, verachtet das unschuldige Mädchen. Sie belächelt es – was nichts anderes ist. Sie belächelt sein Wesen, und wenn sie sich vorstellen sollte, *etwas* davon zu übernehmen, beginnt die Verachtung. Auch das Belächeln ist schon Verachtung – sehr subtil.
In diesem Belächeln steckt der ganze Hochmut des modernen Menschen, auch in uns. Dieser Hochmut spricht dann in unserer Seele: ‚Was für ein rührendes, naives Geschöpf! Es scheint direkt einem vergangenen Jahrhundert zu entspringen.' Welches Zeugnis diese Worte über das *eigene* Jahrhundert ablegen, merkt die Seele dabei noch nicht einmal. Sie hat

41

sich in einer von Hochmut und Kälte (Coolness) durchtränkten Zeit völlig eingerichtet...

Indem ein sehr großer Teil der Seele das unschuldige Mädchen belächelt, spricht sich dieser Teil sein eigenes Urteil – und auch die ganze Seele, wenn es nicht noch einen anderen Teil in ihr gibt.

Gesegnet ist sie, jene Seele, in der es diesen anderen Teil gibt, den ganz anderen Teil, der dasselbe Mädchen, das der hochmütige Teil verachtet, *liebt*, innig liebt.

Wenn wir auf unserem Weg Schritte machen wollen, müssen wir uns mit dem, was unsere Seele in Wahrheit ist, mit tiefstem Ernst auseinandersetzen. Hochmut und Verachtung leben in jeder Seele der heutigen Zeit, wenn sie nicht bereits einen langen Weg der Verwandlung gegangen ist. Sie gilt es, immer genauer kennen und entdecken zu lernen.

Ihnen nah benachbart lebt die *Scham* – sie sogar vielleicht noch stärker in jeder ‚modernen Seele'. Man nehme einmal allen Mut und alle Aufrichtigkeit der Selbsterkenntnis zusammen und spüre, was das Belächeln des unschuldigen Mädchens in Wahrheit ist: Scham, Angst und von Scham und Angst getriebener Unwille, genauso zu sein wie sie... In jedem leisen Belächeln lebt eine laute, große Angst. Das Belächeln verdeckt, maskiert und übertönt die eigene Schwäche, auch die eigene Hässlichkeit.

Würden diese einfachen seelischen Wahrheiten und Gesetzmäßigkeiten bekannter – das Gewissen könnte sich viel freier entfalten. Das Belächeln des unschuldigen Mädchens ist reiner Hochmut, und dieser ist reine Schwäche in der Maske der Stärke. Es ist nicht Mut, sondern Angst – Angst vor der eigenen Nichtigkeit, und diese muss sich tarnen, indem sie das Gute, das Schöne, das Heilige entwertet.

Wie mutig, sich über die absolute Unschuld zu erheben! Das ist das Wesen des Hoch-mutes: völlige Selbstüberhebung auf dem Boden der eigenen Nichtigkeit.

Was die eigene Seele also als Erstes und Heilsamstes gegenüber der Erscheinung des unschuldigen Mädchens lernen müsste, wäre Bescheidenheit, ja sogar Demut – die wirkliche, existentiell reale Erkenntnis, dass in der eigenen Seele viel *weniger* lebt als in jener des Mädchens. Demut als Gegenteil von Hochmut. Diese Demut könnte sich in Ehrfurcht verwandeln und diese Ehrfurcht in Liebe...

Dann wäre es nicht mehr nur der reine Teil der Seele, der das Mädchen lieben könnte, sondern die ganze Seele. Bescheidenheit, Demut und Ehrfurcht erziehen die Seele zur Liebe. Sie befreien die Seele von ihrer krassen Selbstliebe, die sie kälter und kälter werden lässt.

Was wir also lernen müssen, wenn wir unsere Seele verwandeln wollen, ist ein Zweifaches: das Wesen dieses reinen, unschuldigen Mädchens überhaupt zu erkennen, sich davon tief anrühren zu lassen ... und zugleich all jene Hindernisse in unserer eigenen Seele zu erkennen und zu erleben, die dies verhindern wollen.

Das Wesen dieses reinen Mädchens hat die Kraft, unsere Seele völlig zu verwandeln, man möchte an die Worte von Paulus denken: ‚Und wir werden verwandelt in dasselbe Bild...' Aber dies wird nur geschehen, wenn wir ihm immer tiefer begegnen, immer tiefer, immer lebendiger. Und *dies* wird nur geschehen, wenn wir die Hindernisse in unserer Seele ebenfalls immer tiefer erkennen, verwandeln, beseitigen...

Fähig werden, das Wesen dieses Mädchens mit seiner ganzen Seele in voller Reinheit und Tiefe zu erleben, ihm *so* zu begegnen. Und zunächst fähig werden, immer mehr zu begreifen, was dies bedeutet, was dies voraussetzt... Dieser Weg ist so radikal und weitreichend, wie das Wesen des Mädchens rein und unschuldig ist.

Es ist deutlich, dass wir dafür Mut brauchen, viel Mut – für die wirkliche, existentielle, reine Begegnung mit diesem

Mädchen. Erst wenn wir dies begreifen, beginnt die wahre Dimension dieser Begegnung uns klar zu werden. Aber dann sind wir auch schon weit gekommen...

*

Also vertiefen wir uns in die Widerstände – die Widerstände und die Hindernisse, die unsere Seele gar nicht so weit kommen lassen wollen, tief zu empfinden. Nicht nur, etwas Bestimmtes tief zu empfinden, sondern *überhaupt* tief zu empfinden. Das *kann* die ‚moderne' Seele gar nicht mehr – und gerade das ist ihre Krankheit, die ein schleichender Tod ist.

Diese furchtbare Wahrheit wird wieder durch Zweierlei überdeckt: durch die Tatsache, dass *jeder* Mensch diese Krankheit hat und sie so überhaupt nicht auffällt (auffallen würde vielmehr jener, der sie zu überwinden versucht) – und durch die Tatsache, dass die Seele sehr wohl noch Gefühle hat. Sie hat noch Gefühle; die Frage ist nur, welche Qualität, welche Richtung und welche Tiefe diese haben – und welche sie nicht mehr haben können.

Ein Vogel im Käfig ist sehr lebendig – aber er kennt die Freiheit nicht, und er ist am Ende kein Vogel mehr, er ist ein gefiedertes Spielzeug, die traurige *Illusion* eines Vogels. Ein Frosch im schon auf dem Herd stehenden Kochtopf ist noch sehr lebendig, aber er ist im Grunde schon tot.

Wir müssen lernen, empfinden zu können, dass etwas durchaus noch immer sehr den Schein des Normalen und Lebendigen haben kann, obwohl es längst nicht mehr als eine traurige, sterbende Ruine ist, eine Illusion, die nichts anderes vermag, als die Tatsache des Todes bis zur letzten Zuckung zu verschleiern. Wir müssen lernen, an solchen Bildern selbst wieder tiefe Empfindungen zu haben und tief zu erleben, was sie bedeuten.

Worauf es ankommt, ist, all dies nicht einfach nur intellektuell, lesend, mitzuverfolgen und zu begreifen, sondern wirklich tiefer zu dringen. Dies ist aber wiederum nur in der Besinnung möglich.

Was wir lesend begreifen, ist zunächst vor allem ein intellektueller Vorgang im Kopf, bei dem Empfindungen leise mitspielen, weil Denken und Fühlen noch nicht völlig getrennt sind. Aber die fortschreitende Trennung und die völlige Überbetonung des Intellekts in unserer Zeit führt gerade zu dem Absterben des Fühlens – nicht zum Sterben des Fühlens überhaupt, aber zum Sterben aller tieferen Empfindungen. Für die bloßen Emotionen gibt es noch genug 'Nahrung': die gesamte gigantische Welt der Unterhaltung, des sogenannten Entertainments, und natürlich auch die ganze zwischenmenschliche Welt mit ihren zunehmenden Konflikten und ihrer ebenfalls schleichend zunehmenden Entfremdung. Gefühle sind also überall vorhanden. Aber ihre Qualität, ihre Tiefe und eine bestimmte Richtung geht überall verloren.

Und um dies wirklich *erleben* zu können, nicht nur vor allem intellektuell mit im Hintergrund ablaufendem gefühlsmäßigem Registrieren und Wissen der Tatsache, müssen wir dieses flache, bloß intellektuelle Erleben verlassen.

Auch hier wieder müssen wir zu einem anderen, einem neuen Ernst vordringen. Es geht nicht um ein schnelles Begreifen von Tatsachen, es geht um ein tiefes Erleben existentieller, schlimmer Wirklichkeiten. Vom Begreifen zum Erleben müssen wir vordringen, vom Bloß-Intellektuellen zu einem existentiell-real uns Betreffenden, vom Intellektuell-Denkerischen zum ... tiefen Empfinden. Und das ist nur möglich, wenn wir eintauchen, in die eigene Seele. Wenn wir meditativ beobachten lernen, von *innen* heraus, empfindend-erlebend, was in dieser Seele sich für Realitäten ereignen – oder wozu diese Seele *nicht* mehr fähig ist. Nicht von außen registrieren, sondern eintauchend von innen erleben. Eintauchen in das Bild der sterbenden Seele und fühlen und beobachten, was es mit einem macht. Ganz innerlich beobachten, nachfühlen und erforschen, ob es *stimmt*. Versuchen, zu verstehen, was mit tiefen Empfindungen gemeint ist, und sie in der eigenen Seele *suchen* – suchen, ob sie da sind, oder ob man sie verloren hat; sich ehrlich fragen, ob das, was man vielleicht als ‚tief' bezeichnet, nicht dennoch Welten von dem entfernt ist, was mit ‚tief' *gemeint* wäre...

Wir müssen wegkommen von dem intellektuellen *Nichtstun*, wir müssen das Eintauchen in die eigene Seele lernen, das tätige Eintauchen, aber das Eintauchen und das ‚Um-sich-Schauen' *ist* bereits Tätigwerden... Es ist ein sehr großer Sprung, den die moderne Seele oftmals kaum noch sogleich begreift, zumal sie nicht nur ihr ungeheures ‚Nichtstun' überwinden muss, sondern auch ungeheure Vorurteile.

‚Eintauchen in die Seele' wird oft gleichgesetzt mit ‚Eintauchen in das Unbewusste' und dieses beides mit einem ‚Verlust von Kontrolle', einem ‚Sich-einem-Chaos-Überlassen' oder gar mit ‚Selbstaufgabe'.
Was dabei absolut nicht verstanden wird, ist, dass dieses Eintauchen gerade mit voller *Bewusstheit* geschehen kann – und soll. Aber eben nicht so, dass der tote und alles tötende Intellekt einfach mitgenommen wird, so dass er nun *in* der Seele anrichtet, was er vorher auch schon angerichtet hat, sondern auf ganz andere Weise. Wir müssen eine neue Art der Bewusstheit suchen – eine, mit der das *Leben* einhergeht, nicht der Tod.

Der gewöhnliche Intellekt stellt sich allem gegenüber, und er stellt sich ihm *kalt* gegenüber, unbeteiligt. Das ist der Seelentod, der die moderne Krankheit ist. Sie hat in positivem Sinne dazu geführt, dass die Individualisierung und die Bewusstheit der Individualität ungeheuer verstärkt wurde, aber sie lässt seit langem alle Tiefe, allen Reichtum und alle Schönheit der Seele immer mehr verlorengehen und wirklich sterben. Wir brauchen eine innere Fähigkeit und Kraft der Seele, ihr Eigensein nicht zu verlieren und trotzdem die *Wärme* zu bewahren. Eine Fähigkeit, die erleben kann – bewusst –, ohne kalt zu werden. Zu einem Erleben der Wirklichkeit müssen wir kommen – und die Wirklichkeit des Erlebens müssen wir wiederfinden.

Es geht aber nicht um ein Versinken in subjektiven Gefühlen, es geht um ein Empfinden realer Wirklichkeiten. Es ist eine sehr reale Wirklichkeit, in der die moderne Seele sich befindet – und wenn wir diese Krankheit empfinden, dann empfinden wir eine *Wirklichkeit*.

Empfindungen sind nicht bloß subjektiv. Wenn wir unterscheiden lernen, *was* an ihnen bloß subjektiv ist, und auf diese Weise über die bloß subjektive Emotionalität hinauskommen, verbindet uns das, was dann an reiner Empfindung übrigbleibt, mit jenem großen Teil der Wirklichkeit, der *empfunden* werden *muss*, um wahrgenommen zu werden. Die Empfindung ist dann nichts Subjektives mehr, sie ist ein Wahrnehmungsorgan geworden – auch wenn uns das Wahrgenommene gleichwohl nicht kalt lässt, aber das *soll* es auch gar nicht. Die Wirklichkeit der Welt ist keine kaltlassende, der kalt wahrnehmende Intellekt ertötet sie gerade, macht sie zu einem illusionären Gerippe. Die wahre Wirklichkeit aber ist lebendig, sie ist tief moralisch, sie ist voller Qualitäten, voller Schönheit, auch voll Hässlichkeit und Mangel – und all das, dies alles, will und muss *empfunden* werden, um es in seiner Wirklichkeit wahrnehmen zu können.

Je tiefer man von der Wirklichkeit angerührt wird, desto tiefer empfindet und erlebt man sie: die Wirklichkeit! Nicht nur ein Gedanken-Wahrnehmungs-Schema, sondern die volle Wirklichkeit.

Wir müssen erleben lernen, dass das Qualitative und das Moralische zur Wirklichkeit unmittelbar dazugehört.

Herbstlaub hat nicht nur bestimmte Farben, die auf einer Farbskala exakt bestimmt werden können, die Farben haben bestimmte Qualitäten. Sie rufen bestimmte Empfindungen hervor. Die Seele, die in warmen Gelb-, Rot- und Brauntönen lebt, lebt anders als im Grün des Sommers. Und nicht nur die Farben – die ganze Natur lebt in unendlich vielfältigen Qualitäten. Die Seele, die den Herbst erlebt, mit seinen kühlen Morgennebeln, mit seinen Früchten, dem Reifen und zugleich Welken, dem Erdgeruch der Pilze und all jenen gar nicht zu beschreibenden Nuancen – erlebt in unendlicher Vielfalt etwas vollkommen Anderes als zu einer anderen Zeit. Doch erst, wenn sich die Empfindungen vertiefen und diese Empfindungen auch immer bewusster werden, bemerkt die Seele, *was* sie erlebt und dass dies immer mehr zu einer ganzen Welt wird.

Die Welt der Empfindungen ist so reich wie die äußere Wirklichkeit, denn die Seele hat an *allem Einzelnen* Empfindungen – die sich immer mehr vertiefen können und die dann auch die äußere Welt immer reicher und reicher werden lassen, weil jetzt erst *wirklich* alles wahrgenommen wird, in unendlich vielfältigen Qualitäten, in Schönheit, in Hässlichkeit, in Empfindungen, die überall auch moralische Qualität haben, weil sie in der *Seele* leben, selbst das Gelb, das Rot, das Grün...

*

48

Und dann ist da ein Mädchen... Viele sehen nur ein Mädchen. Viele sehen wohl auch seine Schönheit. Manche sehen vielleicht auch seine Unschuld.

Kann man Unschuld *sehen*? Woran sieht man sie? Aber es ist völlig gleichgültig, ob man sie sieht oder nicht, solange sich damit keine Empfindungen verbinden. Welchen Sinn hat *irgendetwas*, solange man daran nichts empfindet? Es gewinnt alles nur Bedeutung, *wenn* man etwas empfindet.
Dennoch ist es nicht subjektiv, denn alles *hat* Bedeutung – aber wenn man sie nicht erlebt, weil man nichts weiter empfindet, scheint sie nicht da zu sein. Die Empfindungen, die man hat, führen in die Wirklichkeit. Sie müssen nur reiner sein als die bloß subjektive Emotionalität. Es müssen jene Empfindungen sein, die die Wirklichkeit empfinden, weil es die Wirklichkeit selbst ist, die sie in der reinen, empfindsamen Seele hervorruft.
Es ist nicht anders, als wenn der Wind das Wasser eines Sees bewegt. Auch die Seele wird von der Wirklichkeit berührt und bewegt, und sie wird es um so reiner und tiefer, je mehr sie sich berühren und bewegen *lässt* – nicht emotional und ‚gefühlig‘ im schlechten Sinne, und dennoch so zart und tief wie nur irgendetwas.
Eine Feder im Wind braucht keine *eigenen* Empfindungen, um in vollem Umfang bewegt zu werden. Sie wird die Geliebte des Windes, weil sie alle *seine* Bewegungen bis in die zarteste Nuance mitmacht...

Viele sehen also ein Mädchen... Wenige begreifen seine Unschuld. Und die Wenigsten können sich in ihrer Seele von seiner Unschuld wahrhaft erschüttern lassen, weil sie sie nicht nur in vollem Umfang *sehen*, sondern sich in ihrer eigenen Seele bis in die Tiefe davon berühren lassen, gleichsam bis zu ihrem Grund und bis ins Allerinnerste...

Und es ist schon ein großer Schritt, zu begreifen, was das bedeutet und dass dies möglich ist, und danach eine Sehnsucht erwachen zu fühlen.

Denn die Hindernisse der Seele, wie sie in der heutigen Zeit ist, bleiben. Die Gefühlsarmut und Empfindungsschwäche bleibt. Sie muss mühsam und langsam überwunden werden. Der Hochmut, der Zweifel und die Scham bleiben: Wozu soll ich das denn entwickeln? Das geht doch viel zu weit...

*

Die Seele spürt tatsächlich sehr genau, wie weitgehend dieser Weg ist – und die Gegenkräfte in der Seele nutzen das unmittelbar und zielsicher aus, um sich sofort dagegen zu stellen. Und wir vertrauen ihnen nur allzu gern. Wir fühlen unsere Ohnmacht, wir fühlen die Herausforderungen, die dieser Weg mit sich bringen würde, und wir fühlen sehr deutlich den Argwohn und den Spott der Umwelt, der uns entgegenschlagen wird, wenn wir unsere Seele in eine Entwicklung bringen.

Das alles und noch viel mehr empfindet die Seele in einer Genauigkeit, die viel größer ist, als uns bewusst ist. Angst und Unwille sind darum automatisch groß. Sie sind die Regungen jenes großen Teiles der Seele, in dem bisher die Widerstände zuhause sind, das So-bleiben-Wollen, wie man ist, das Sich-eingerichtet-Haben und sogar das Stolzsein darauf, wer man schon ist.

Dieser Teil der Seele ist *selbst dann* groß, wenn ein anderer Teil deutlich eine Sehnsucht empfindet. Wir müssen den Teil, in dem diese Hemmnisse leben, kennen, und wir müssen die Hemmnisse selbst immer genauer und tiefer kennenlernen. Je mehr wir sie verstehen und in ihrem Wesen erleben, desto freier können wir uns entscheiden – und desto bewusster können wir sie überwinden, indem wir die anderen Kräfte stärken.

Der entscheidende Punkt, an dem alles zusammentrifft, ist das Mysterium unseres *Willens*. Wie sehr *wollen* wir einen bestimmten Weg betreten? Was vertieft diesen Willen – und was hemmt ihn, löst ihn gleichsam wieder auf? In jeden einzelnen Aspekt können und sollen wir uns vertiefen – um den Hindernissen gewachsen zu sein und um die Kräfte unserer Seele zu entfalten.

Was steht den Kräften der Seele, die nach einer Entwicklung streben und sich nach einer solchen sehnen, entgegen?

Es ist der mangelnde Wille als solcher, die Faulheit, die Bequemlichkeit, das Stehenbleibenwollen. Das größte Hindernis des Willens ist zunächst er selbst: Das Sich-nicht-entfalten-Wollen.

Dann die Angst – etwa vor der Vorstellung der Notwendigkeit der immer weiteren Aktivität oder vor der zunehmenden moralischen Verantwortlichkeit, die ein innerer Weg mit sich bringen würde. Man könnte nicht mehr so dumpf vor sich hin leben. Das weiß die Seele sehr genau. Also Angst und erneuter Unwille.

Dann Scham, Angst vor dem Urteil und den Reaktionen der Umwelt. Lieber Mitläufer sein als Aussätziger... Auch das kennt die Seele sehr genau, Geschichte und Gegenwart haben die Konsequenzen eines Lebens, das sich in bestimmter Weise zu unterscheiden beginnt, nur allzu oft allen vor Augen geführt. Das muss nicht einmal immer negativ und furchtbar sein, aber schon das Sich-deutlich-Unterscheiden an sich und das Ertragen dessen erfordert Kraft und Willensstärke, die erst einmal vorhanden sein muss.

Eine weitere Konsequenz des hier zur Entscheidung stehenden Weges wäre, dass man sehr verletzlich werden würde, weil man sich selbst sehr verletzlich machen würde. Natürlich hat die Seele auch davor zunächst große Angst – wenn sie es nicht von vornherein als unsinnig und falsch zurückweist.

Ein sehr großes Hindernis ist also auch das *eigene* Urteil, der eigene Hochmut. Hat man diesen, braucht es gar keine äußeren Gegner mehr, der Gegner sitzt ja schon in voller Stärke in einem selbst und verwirft alles bereits im Keim.

Die Hindernisse sind also: Hochmut, mangelnde Willenskraft und Angst in ihren verschiedenen Schattierungen.
Die Nuancen sind zahlreich. Dennoch sind die realen Gegenkräfte nicht zahlreich – aber äußerst machtvoll. Das Einzige, was wir auf dieser Ebene tun können, ist, sie und ihr Wirken immer besser zu kennen.

*

Aber nun kommen wir zu den *Kräften*, die die Seele hat – und weiter entwickeln kann, wenn sie es will...

Die eine Kraft ist der Wille, zu denken, zu fühlen und zu wollen, was man will (ohne sich von Angst oder Scham beeinflussen zu lassen). Dieser Wille ist natürlich zunächst kaum vorhanden – aber in der Sehnsucht nach einer inneren Entwicklung *ist* er wie ein Keim vorhanden. Und wenn diese Sehnsucht stärker wird, ist er stärker vorhanden. Und wenn er als Wille *eingesetzt* wird, kann er auch Kraft gewinnen.
Ein zutiefst wesentlicher Aspekt ist es bereits immer wieder, sich in seiner Seele klar darüber zu werden, was man überhaupt will. Die Sehnsucht nach einer inneren Entwicklung ist da – aber wie sehr will man diese ... und worin genau besteht sie?

Wir streben in diesem Buch einen inneren Entwicklungszustand der Seele an, den wir bereits kennengelernt haben: es ist die Unschuld. Man kann auch andere Ziele der inneren Entwicklung anstreben – dann wird man dieses Buch aus der Hand legen oder ihm jedenfalls nicht wirklich folgen, es sei denn, man wird im weiteren Verlauf noch berührt und ändert seine Ziele.

Die Kraft, seine Gedanken, Empfindungen und Willensimpulse lenken zu können, beinhaltet also, Ziele fassen zu können; sie beinhaltet aber auch, sich lebendige Ideale vor die Seele stellen zu können. Es ist nicht damit getan, dass die Seele abstrakt weiß, was sie will. Sonst würde sich jede Seele ungehindert auf den inneren Weg zu ihrem Ziel machen und dieses auch erreichen. Aber es gibt eben zahlreiche Hindernisse. Und die Ideale müssen so *lebendig* sein, dass sie dem eigenen Willen die Kraft verleihen, diese Hindernisse zu überwinden.

Das unschuldige Mädchen *ist* ein Bild von solcher Kraft – vielleicht nicht für jede Seele, aber für jede Seele, die sich tief genug von ihm berühren lassen kann. Und es *macht* die Seele selbst immer empfindsamer. Es könnte jede Seele so tief berühren, dass sie all jene Kräfte bekommt, die sie bräuchte, um sich auf den Weg der Unschuld zu machen. Es hängt nur von der Seele selbst ab, ob sie sich so tief berühren *lässt*.

Damit aber ist die Fähigkeit der Seele, sich ‚ein Bild zu machen', eine unschätzbare Kraft, die gehütet und verstärkt werden kann. Wir müssen aber auch eine andere Vorstellung von ‚Bild' in diesem Zusammenhang gewinnen. Denn das Bild ist in diesem Fall nicht bloß eine Vorstellung von uns, sollte es jedenfalls nicht sein, sondern es sollte wirkliches *Leben* gewinnen.

Ein Ideal ist etwas, dem man mit feurigem Willen folgt, weil es den Willen befeuert, weil man es selbst zu einem Feuer gemacht hat. Man macht eine Idee zu einem Ideal, indem man sie zu einem Feuer macht, als ein Feuer, etwas Befeuerndes empfindet, das man unmittelbar in seinen Willen aufnimmt bzw. dem man wie einem Stern mit seinem Willen folgt. Man hat die Idee (etwa die Idee der Gerechtigkeit) bewusst zu seinem Ideal gemacht oder werden lassen. Ideale, die man ,schon immer' in sich trägt, sind dies *unbewusst* geworden. Der eigene Wille hat sie sich schon in der Jugend als Leitstern gewählt und sicher schon als Kind in einer entsprechenden Gestalt stark in sich getragen. Aber man kann auch als Erwachsener eine moralische Idee bewusst zu einem Ideal erwecken.

Wir gehen hier jedoch noch einen Schritt weiter. Manche könnten es als einen Rückschritt bezeichnen, aber es geht hier nicht um scharfsinnige Diskussionen, sondern um Realitäten. Wir machen nicht die Idee der Unschuld zu einem Ideal, sondern wir machen uns ein Bild von ihrer *Trägerin*: das unschuldige Mädchen.

Aber es ist mehr als nur ein Beispiel, es offenbart die Unschuld in ihrer Vollkommenheit und in ihrem Wesen – und mit *seinem* Wesen. Es offenbart die vollkommene Unschuld auf die einzigartige Weise, in der dies ein *Mädchen* tun kann. Aber wer könnte je unschuldiger sein als es? Wir stehen vor einem Ur-Bild. Wenn wir uns fragen: Wie würde sich die Unschuld am berührendsten offenbaren, wie würde ihr Wesen am reinsten sichtbar werden – so kommen wir immer wieder zu dem unschuldigen *Mädchen*.

In ihm stehen Natur und Wunder in einem tief berührenden Gleichgewicht. Die Unschuld liegt in der Natur des Mädchens – und doch sind die Gegenkräfte längst so stark, dass kaum ein Mädchen auf Erden die Unschuld so stark offenbaren kann, wie wir es bereits kennengelernt haben, so dass auch beim Mädchen wirkliche Unschuld ein einzigartiges, ganz und gar individuelles Wunder ist. Und gerade diesem Urbild des unschuldigen Mädchens wollen wir uns nähern.

*

Es nützt nichts, wenn wir bei der Vorstellung bleiben, es wäre alles nur unsere Vorstellung. Ebensowenig, wie wir uns den Begriff der Unschuld nur ausdenken, stellen wir uns das Mädchen nur vor. Natürlich *können* wir uns ein unschuldiges Mädchen vorstellen und es dabei belassen. Dann wird uns aber nie das unschuldige Mädchen selbst begegnen – aber gerade dieses suchen wir. Wir müssen es also dahin bringen, dass unsere Vorstellungen so rein und so lebendig werden, dass das *Wesen* des unschuldigen Mädchens sich selbst in sie hineinkleiden kann, um uns gewissermaßen zu *erscheinen*. Wer an diese Möglichkeit nicht glaubt, mag sich einfach nur lebendige Vorstellungen machen, auch diese sind schon viel wert – in jedem Falle so viel, wie man sich wiederum von ihnen berühren lassen kann. Es ist aber möglich, darüber noch hinauszugehen.

Das Bild kann *so* lebendig werden, dass wir nicht mehr unseren eigenen Vorstellungen gegenüberstehen, sondern dass das unschuldige Mädchen selbst als wesenhaftes Urbild, als reales Wesen im reinen Reich des Seelisch-Geistigen – dass es selbst unsere Vorstellungen zu gestalten beginnt, *um in ihnen zu erscheinen*, weil wir dies wollen und die Begegnung mit ihm suchen, in Sehnsucht, in Ehrfurcht.

Dies ist natürlich kaum zu beschreiben, ohne unzähligen Missverständnissen ausgesetzt zu sein. Wer aber den Weg sucht, wird auch daran glauben können, bis sich ihm die Wahrheit selbst erweist.

Im Grunde würde es nicht einmal eine Rolle spielen, wenn es sich um ‚Autosuggestion' handeln würde, wenn es uns nur die Kraft verleiht, mit Stärke jener inneren Entwicklung nachzustreben, die uns aus jenem Bild anleuchtet. Und doch wäre zu fragen, wie eine solche Autosuggestion je reale Kräfte entfalten könnte, zumal wir uns gerade einem Bild hingeben wollen, von dem wir wissen und uns bewusst machen wollen, dass wir es selbst nicht sind! Wir wollen ja gerade den gewaltigen Unterschied empfinden.

Wir suggerieren uns nicht, dass wir dieses Wesen selbst hätten, sondern wir wollen in der Begegnung mit diesem Wesen eine möglichst starke Sehnsucht danach erwecken. Würden wir hier trotzdem von Autosuggestion sprechen, würde dies bedeuten, dass wir alle das Wesen des unschuldigen Mädchens längst in uns tragen. Das tun wir aber nicht.

Was wir aber sehr wohl alle in uns tragen, ist die Sehnsucht nach ihm – oder zumindest die Möglichkeit, diese in uns zu erwecken. Und wenn wir dies *tun*, dann kann es uns auch entgegenkommen.

Wenn wir die Begegnung mit ihm suchen, innig und auch ehrfürchtig genug, dann wird es sich uns nahen, in seiner ganzen Unschuld – und es wird *mehr* sein als nur Vorstellung.

Um es zu finden, brauchen wir also weitere Kräfte – aber wir *haben* sie auch und können sie weiter entwickeln: Die Kraft des *Verständnisses* des Weges und der Realitäten in der Welt des Seelisch-Geistigen. Die Kraft der *Innigkeit*, in der die tiefe Sehnsucht, der ernste, aufrichtige Wille liegt. Und die Kraft der *Ehrfurcht*.

Warum Ehrfurcht? Weil es *immer* Ehrfurcht ist, wenn uns etwas in einer bestimmten Weise berührt. – Das unschuldige Mädchen kann in uns eine Art Wehmut auslösen, die aber gleichwohl seine Naivität leise belächelt. Dann sind wir noch immer dem Hochmut verfallen. Oder es kann uns tief und rein anrühren, eine Sehnsucht nach ihm erwecken. Wenn die Seele das unschuldige Mädchen *selbst* in aller Unschuld verehren kann, dann kennt sie die Verehrung und auch die Ehrfurcht bereits. Es sind Empfindungen zarter Bewunderung und Verehrung für das Wesen dieses Mädchens, für seine einzigartige Unschuld.

Und erst, wenn man die Unschuld des Mädchens so zart empfinden und verehren kann, empfindet man sie bis in ihre Tiefe und Wirklichkeit. Wie soll man sie sonst je wirklich empfinden? Die eigene Seele *ist* nicht so unschuldig wie das Mädchen. Aber eines *kann* so zart und unschuldig sein wie das Mädchen selbst: die Verehrung und die Liebe der eigenen Seele für dieses Mädchen...

Und wenn *dies* geschieht, wenn also *etwas* in der eigenen Seele so zart und so rein ist wie dieses Mädchen, und wenn dies gerade die Verehrung und Liebe zu ihm ist, dann wird sich der Seele auch wirklich das Wesen dieses Mädchens offenbaren.

Und im Grunde tut es das schon vorher. Denn man kann nur lieben, was man kennt. Der Prozess ist von Anfang an ein gegenseitiger. In dem Maße, in dem die Seele dem Mädchen entgegengeht, kommt es selbst der Seele entgegen, offenbart sein Wesen nach und nach und erweckt in der Erkenntnis seines Wesens immer mehr die Liebe zu sich.

Schon die allererste Suche ist ein Lieben. Die Seele *liebt* das unschuldige Mädchen von Anfang an – wie könnte es auch anders sein? Entscheidend ist nur die Frage, wie tief sie es liebt und wie tief sie sich ihrer Liebe bewusst wird – davon hängt es ab, wie tief sich das Mädchen ihr schließlich offenbaren kann...

Die Kraft der *Liebe* hat die Seele also auch – und kann sie verstärken. Ehrfurcht und Verehrung sind bestimmte Formen der Liebe. In Bezug auf das unschuldige Mädchen sind sie eine heilige, innige Liebe.

Diese wird in der Seele eines Mannes sicher eine andere Gestalt haben als in der Seele einer Frau. Aber das macht nichts. Es kommt nur auf die seelenverwandelnde Wirkung an. Vielleicht ist die Wirkung bei einem Mann überhaupt stärker, aber das muss sie ja auch sein, denn der Mann ist ja von dem Wesen des unschuldigen Mädchens viel weiter entfernt als die Frau, seine Seele *muss* ja viel stärker verwandelt werden. Der Mann kann das Mädchen *deshalb* so unendlich lieben, weil er in ihm gerade die heilige, heilende, verwandelnde Retterin seiner Seele sucht und erlebt – sei es bewusst oder unbewusst.

Der Aspekt der leiblichen Anziehung kommt noch hinzu, aber er kommt wirklich nur hinzu, denn wir sprechen von dem vollkommen unschuldigen Mädchen, wir sprechen von der Kraft seiner *Unschuld*.

*

Wir haben die entscheidenden Kräfte, mit denen wir diesem Mädchen entgegengehen können, kennengelernt. Alle weiteren Kräfte, die die Seele in sich finden kann, wird das Mädchen sie *selbst* lehren.

Versuchen wir also von neuem, sein Bild zum Leben zu erwecken, damit sich uns sein Wesen offenbaren kann.

Das unschuldige Mädchen wacht anders auf als wir – empfinden wir dies wiederum, schon den ersten Moment des Tages, wie es die Augen aufschlägt. Und sogar noch vorher, wie es schläft: ein Engel, schon im Schlaf schöner und reiner als jedes andere Menschenkind. Und nun wacht es auf, durch welches Mysterium auch immer...

Es ist natürlich fleißig, denn es ist weder bequem noch faul, also erwacht es schon früh am Morgen. Wir können uns vorstellen, dass es die Sonnenstrahlen selbst sind, die es wecken und von denen es sich wecken lässt, weil es selbst *ihre* Zartheit empfinden kann.

Nun schlägt es also die Augen auf ... und sofort ist sein sanftes, unschuldiges Wesen, das bisher schlafend war, *anwesend*. Unschuldig ist der erste Augenaufschlag, Unschuld durchdringt nun sanft die Hütte, denn das Mädchen ist wach. Sein Wesen beginnt, wie eine milde Sonne den Raum zu durchstrahlen.

Es erhebt sich mit Anmut. Vielleicht geht es zunächst barfuß – oder immer, weil es Sommer ist oder weil es keine Schuhe besitzt.

Seine bloßen Füße sind für den Fußboden oder die liebe Erde dasselbe wie eine Liebkosung. Nie wurde der sanftmütige Schritt eines Menschenkindes lieber ertragen als bei ihr. Es ist, als wenn die Erde selbst sich freut, dieses Mädchen tragen zu dürfen, seine Schritte in den Staub eingezeichnet zu bekommen.

Vielleicht holt das Mädchen Wasser für ein schlichtes Morgenmahl. Zunächst wäscht es sich selbst. Danach aber beginnt es mit der Arbeit des Tages. Alles, was es tut, tut es mit Freude. Gemeint ist vor allem ein stilles, inneres Lebensglück, das alles durchzieht wie ein wunderschönes, still leuchtendes Lied. Und dieses Glück besteht aus einer sanften *Liebe* zu allem, was ist. In Liebe, in Sanftmut und Anmut schöpft das Mädchen das Brunnenwasser, in Liebe hört es einen Moment dem Rotkehlchen zu – und dieses einzigartige Leuchten, das von dem Wesen des Mädchens ausgeht, durchdringt auch all sein anderes Tun.

Ein oberflächliches Gemüt könnte nun vielleicht denken, dass die Empfindungen des Mädchens eintönig wären. Aber nichts wäre weniger wahr. *Unsere* Empfindungen sind eintönig, nicht die des unschuldigen Mädchens. Seine Empfindungen sind unendlich *reiner* und zarter als die unsrigen und darum in allem viel tiefer. Es kann auch Traurigkeit und Einsamkeit empfinden, Mitfreude und Mitleid – und tut dies alles viel tiefer, als wir es je vermöchten. Sowohl die eigenen Empfindungen als auch diejenigen, mit denen es fortwährend mit der Welt mitlebt, sind tiefer, vielfältiger und reicher als die unseren.

Manche Empfindungen kennt es gar nicht – etwa Langeweile, Öde oder Hass, Neid, Rache –, andere fast nicht oder kaum – etwa Ärger oder Argwohn –, aber gerade darum ist sein inneres Leben viel reicher, größer und tiefer als das unsere, denn diese Empfindungen machen unsere Seele gerade *arm*, denn sie setzen sich an die Stelle der anderen.

Wer den Hass, den Neid oder die Langeweile kennt, wird dem Seelenwesen des unschuldigen Mädchens nicht einmal nahekommen. Wir müssen diese Empfindungen zumindest für die Zeit der inneren Stille gänzlich *verlernen*, um dem unschuldigen Mädchen auch nur einige Schritte entgegengehen zu können.

Wir müssen dahin kommen, immer mehr eintauchen zu können in dieses völlig andere Erleben. Wie ist es möglich, *so* die Augen öffnen zu können? Was muss das für ein Herz sein, das die Hütte und die Welt gleichsam mit einem sanften Lied erfüllt – mit dem Lied der Sanftmut und der Liebe...

Und wieder setzt in unserem innigen Bemühen dieser paradoxe Wunder-Prozess ein: Wir können das Wesen des Mädchens nur dadurch immer inniger empfinden, dass wir es in uns selbst zumindest annähernd irgendwie wahrzumachen beginnen. Aber wir finden die Fähigkeit und die Kraft dazu nur in dem Maße, in dem wir das Mädchen lieben. Dann aber kennen wir es schon. Und doch wollen wir es gerade erst immer tiefer kennenlernen.

Aber gerade das ist der Weg der Selbstverwandlung. In Wirklichkeit kennen wir das unschuldige Mädchen sehr genau, auch den Weg zu ihm, und wir lieben es auch innig. Aber all dies muss uns erst nach und nach bewusst werden. Und dann sind wir von ihm noch immer sehr verschieden. Alles ist Prozess – alles ist Bewusstwerdung einerseits und bewusste innere Verwandlung andererseits. Wir kannten dieses Mädchen in gewisser Weise schon immer. Aber erst jetzt wollen wir ihm bewusst begegnen – und unsere Seele der seinen ähnlich machen. Erst jetzt suchen wir es als die heilige Helferin bei der Verwandlung unserer Seele.

Und das Mädchen selbst lehrt uns seine Kräfte: Liebe, Sanftheit, Sanftmut. Mitleid, Mitfreude, Geduld, Vergebung...

Alles sind Erscheinungsformen der Liebe, wie sie in so unendlicher Sanftheit im Herzen des Mädchens lebt. In dem Maße aber, wie sein Wesen uns *anrührt* und wir es zu lieben beginnen, können all diese Kräfte auch in uns erwachen. Die liebende Seele *will* dem geliebten Wesen ähnlich sein. Wer die Sanftmut des Mädchens liebt – oder das Mädchen um seiner Sanftmut willen innig liebt –, dessen Seele möchte auch selbst so sanftmütig werden. Sie muss sich dies nur bis in alle Tiefen bewusst machen. *Die liebende Seele möchte mit dem geliebten Wesen eins werden.*

Darum ist die Liebe die große Verwandlerin und eine innere Wandlung ohne Liebe unmöglich. Alles, was erreicht werden will, muss geliebt werden. Und alles, was geliebt wird, will erreicht werden – und wird erreicht werden, wenn die Liebe groß genug ist.

Die Seele, die das unschuldige Mädchen tief genug liebt, wird ihm in aller Tiefe begegnen – und wird selbst die Unschuld finden, immer mehr.

*

Und dann gibt es noch eine Kraft der Seele: Und das ist die Treue.

Die Treue lässt die Liebe erst vollkommen werden. Sie ist das, was die Anmut für die Schönheit ist. Die Treue ist die Anmut der Liebe... Die Treue ist der Ernst, die Wahrhaftigkeit, die Ausschließlichkeit und die Schönheit, mit der geliebt wird. In der die Liebe leuchtet. Und so ist die Treue auch die *Unschuld*, mit der geliebt wird.

Treue ist mehr als nur ‚Ja, ich will' und unendlich viel mehr als ‚Na gut, ich bleibe dabei, ich hab's ja mal versprochen'.

Treue ist der *volle* Wille, die *ganze* Seele und die absolute Unerschütterlichkeit. Darum ist sie Ewigkeit – nicht als Versprechen, sondern als sie selbst.

Treue ist gleichsam die Krönung der Liebe – durch sie wird die Liebe die wahre Königin, die sie ist, und hört auf, weniger sein zu müssen, als sie ist.

Jeder Seele der heutigen Zeit fehlt die Liebe in ihrer wahren Gestalt. Wir kennen sie vielleicht als heftiges Verliebtsein und glauben dann, aus nichts anderem zu bestehen als aus Liebe. Das mag auch vielleicht so sein, aber auch in der Liebe kommt es auf ihr Wesen, ihr Sein, ihre Qualität an.

Heftiges Verliebtsein kann alles Mögliche sein – heftiges Begehren, Tändelei, Selbstliebe, Herzschmerz, ‚Ich-kann-ohne-dich-nicht-leben-Dramatik', stilles Sehnen und noch anderes und eine Mischung davon. Und doch kann oft ein kleines Ereignis die Seifenblase dieses heftigen Verliebtseins platzen lassen, und schon ist die Liebe verschwunden. Wo ist sie hin? Sie ist weg und kehrt in dieser Form nicht wieder. Man hat sich eingebildet, man würde lieben – und hat es auch wirklich getan, aber wie schwach, wie vergänglich!

Die Treue ist der Ernst der Liebe und ihre Anmut. Denn sie ist die tiefe Hingabe des Willens, die nicht wankende Festigkeit. Sie ist es, die immer weiß, dass das Geliebte das Geliebte ist. Erst in der Treue offenbart die Liebe ihre wahre Gestalt – und sieht auch das Geliebte immer in seiner wahren Gestalt. Durch die Treue wird die Liebe zur Königin, die unbesiegbar geworden ist, weil sie in aller Vollkommenheit *unschuldig* und in aller Unschuld *vollkommen* geworden ist.

Das unschuldige Mädchen hat sich uns offenbart – oder tut es immer mehr. Und die eigene Seele liebt es. Aber wie stark? Wie tief? Wie aufrichtig? Diese Frage stellt sich nun. Es ist eine Entscheidungsfrage. Eine Mutfrage. Und eine Frage der Treue. Haben wir den Mut zu einer wahrhaftigen, einer echten, einer aufrichtigen Liebe? Oder schrecken wir vor uns selbst zurück – vor dem Ausmaß, das unsere Willenskräfte dann annehmen? Vielleicht vor der Treue selbst?

,Nie etwas versprechen...' Die ,Bindungsangst' der modernen Seele ist ungeheuerlich. Sie *will* einerseits bedingungslos lieben – aber sie kann es gar nicht mehr, denn sie kennt die *Hingabe* nicht mehr. Sie steht sich selbst viel zu sehr im Weg, nimmt sich und auch ihre Ängste viel zu wichtig. Hingabe wäre Unschuld – unschuldige Liebe. Die Seele kann es nicht mehr. Sie kann es nur wieder lernen.
Aber nicht nur ihr Selbstbezug steht ihr im Weg, sondern auch ihre Scham und damit Angst vor der Umwelt. Nicht bei jeder Liebe – aber bei der Liebe zu dem unschuldigen Mädchen. Von der Natur, von dem Wesen der Seele aus, würde diese vielleicht nichts so sehr lieben wie das unschuldige

Mädchen und sein Wesen – aber nun kommen die Gegenmächte, die *diese* Liebe um jeden Preis verhindern wollen. Sie müssen es gar nicht vollständig erreichen. Sie müssen dieser Liebe nur die *Treue* nehmen... Die Gegenmächte sind zufrieden, wenn sie der Seele den Ernst und die Treue genommen haben. Mehr wollen sie gewissermaßen gar nicht. Denn überall, wo der Ernst fehlt, sind sie schon wirksam, haben eine Seele in der Hand, haben es erfolgreich verhindert, dass ihr je Flügel wachsen könnten, mit denen sie ihrem Machtbereich entkommen könnte.

*

Hier stehen wir an dem entscheidenden Punkt unseres Weges. Es ist wie ein Markstein in einer offenen Landschaft. Wir könnten ihn ohne weiteres überschreiten, aber wir wissen zugleich: Dahinter beginnt etwas völlig anderes. Es ist gleichsam ein heiliges Königreich, das aber vollkommen von Feinden besetzt ist. Ab hier betreten wir heiligen, aber gleichzeitig feindlichen, lebensgefährlichen Boden.

Das ist die Situation der Seele, die an diesem Markstein steht. Es ist eine unsichtbare Grenze, und diese Grenze hat einen Namen, und dieser ist: Treue zu dem unschuldigen Mädchen.

Der reine Teil unserer Seele ist dem unschuldigen Mädchen begegnet und liebt es. Aber nun steht er an dem Markstein. Wie weit ist er bereit, für seine Liebe zu diesem Mädchen zu gehen? Wie groß ist seine *Treue* zu dem unschuldigen Mädchen?

Was bedeutet diese Treue überhaupt? Gerade auf diese Frage müsste sich der reine Teil unserer Seele einmal besinnen, und zwar sehr, sehr tief...

Diese Besinnung müsste so tief sein, dass wir erschrecken müssten – tief erschrecken davor, wie sehr wir mit der Liebe zu diesem Mädchen und mit seiner Unschuld noch immer nur *spielen*, ohne Ernst, wirklich ohne Ernst. Ja, wir lieben es – vielleicht –, aber stehen an dem Markstein, und wir müssten einen Schritt tun, um unsere Liebe auch zu *beweisen*. Liebe ist einfach, solange sie nur in Gedanken stattfindet – oder nur in dem reinen Teil der Seele. Sie ist einfach und schön, aber ohne Gefahr, solange sie diesseits des Marksteins bleibt. Wie sehr sind wir bereit, die Grenze, die dieser Markstein bildet, zu überschreiten ... und unsere Liebe zu dem unschuldigen Mädchen auch dann nicht ... zu *verraten*?

Wie weit sind wir bereit zu gehen? Was würden wir zögernd zugeben – und wo würde unser Verleugnen beginnen? Oder haben wir den Mut, *alles* zuzugeben? Ja, sogar den Mut, der Welt entgegenzuhalten, wie krank sie wirklich ist? Dass jede Seele krank ist, die das unschuldige Mädchen *nicht* liebt?

Wie weit sind wir bereit zu gehen? Und wo beginnen unsere Rückzugsgefechte? In einer Welt, die nicht einmal mehr an eine *Seele* glaubt und die uns nur noch verlachen und verspotten würde, wenn wir zugäben, dass wir ein reales unschuldiges Mädchen lieben, das man aber nicht sehen kann, nur innerlich. Man denke an seine Nachbarn, seine Freunde, Verwandten, Arbeitskollegen – Unverständnis und Spott würde uns entgegenschlagen. Und wir würden kleinlaut verstummen. Wir würden uns schämen, und wir würden nichts von einer Krankheit unserer gesamten Gegenwart sagen.
Nur ein Verrückter kann seine ganze Umwelt für krank erklären – während er als Einziger auf dem Weg der Gesundung ist, ein unsichtbares Mädchen liebend, das trotz allem real sein soll...
Aber das ist die Wirklichkeit, die Wahrheit.

Und der erste Beginn unserer Treue wäre es, sich diese Zusammenhänge sehr ernst klar zu machen und daran dann auch zu erkennen, wie groß die Untreue ist. Sie ist zunächst unermesslich – nämlich fast genauso groß wie die Krankheit unserer gesamten Zeit. Das Urteil unserer kranken Zeit ragt fast ungefiltert in uns hinein – und wir haben keine Gegenwehr, sobald es gefällt wird.

Wir werden unsere ganze Kraft brauchen, um zu *lernen*, dem unschuldigen Mädchen immer mehr treu zu bleiben. Und was heißt diese Treue dann?

Sie müsste damit beginnen, alle Zweifel in der eigenen Seele auszurotten, dass wir ein *reales Wesen* lieben. Das ist nur möglich, wenn wir die Begegnung mit diesem Mädchen immer wieder suchen und auch erleben. Die Erinnerung daran muss so stark sein, dass auch der gewöhnliche Teil der Seele nicht mehr zweifeln kann, dass die Begegnung immer wieder geschehen ist. Und das Wissen um den Realitätsgehalt dessen muss in allen Teilen auch der gewöhnlichen Seele gleichsam seine Spuren hinterlassen haben.

Und im Grunde muss es noch viel weiter gehen. Denn gerade diesen Unterschied zwischen dem reinen und dem übrigen Teil der Seele wollen wir ja immer mehr *aufheben*. Die Sehnsucht nach der Überwindung allen Zweifelwesens muss so groß werden, dass die Sicherheit und die lebendige Erinnerung bewusst und aktiv immer mehr Teile der Seele durchdringt. Die Sehnsucht nach und die lebendige Verbindung mit dem Wesen des unschuldigen Mädchens muss allmählich von dem reinen Teil der Seele, wo sie stark und sicher geworden ist, auch in den gewöhnlichen Teil der Seele vordringen. Hier herrschen Zweifel und Vergessen, Scham und Verleugnung. Aber je stärker die Liebe zu dem Mädchen wird, desto mehr werden *diese* Kräfte die Herrschaft der Gegenmächte in dem großen gewöhnlichen Teil der Seele zurückdrängen. Dann wird auch in der gewöhnlichen Seele immer mehr dasjenige bewusst leben können, was vorher schon in ihrem reinen Teil zu bewusstem Leben erweckt wurde: die absolute Sicherheit, die tiefe Liebe – und die starke Treue.

Aber dies ist ein längerer, vielleicht sogar langer Weg. Zuerst wird man immer wieder in dem kleinen reinen Teil der Seele die Begegnung mit dem Mädchen suchen müssen, um sie wirklich zu haben und es dadurch immer weniger verleugnen zu müssen, zumindest in der *eigenen* Seele nicht mehr an seiner Existenz zu zweifeln.

Machen wir uns einmal klar, was der Fall wäre, wenn wir nur eine Idee zu einem Ideal erhoben hätten, etwa die Gerechtigkeit oder die Wahrheit. Es gibt Menschen, die bereit sind, für ein Ideal zu sterben! Weil für sie die Wahrheit oder die Gerechtigkeit *mehr* ist als für andere Menschen. Schon für diese Menschen gewinnt die Wahrheit oder auch die Gerechtigkeit etwas Heiliges, etwas Wesenhaftes, dem sie dienen wollen, weil es heilig *ist*. Und dies ist – so sagt zumindest die äußere Welt – ‚nur' ein Ideal. Es gibt Menschen, die setzen für die Wahrheit oder die Gerechtigkeit ihr Leben ein...
Wir sprechen jetzt nicht von Wahrheit oder Gerechtigkeit, auch nicht von Unschuld, sondern von dem *unschuldigen Mädchen*.

Wir wissen, was Unschuld ist. Wir können zweifellos zu dem sicheren Erleben kommen, dass Unschuld eine absolute Realität hat, ebenso wie Wahrheit oder Gerechtigkeit. Aber was ist mit dem unschuldigen Mädchen? Zunächst ist es nur unsere Vorstellung. Aber zunächst ist es ebenfalls nur unsere Vorstellung, dass es ‚die Wahrheit' geben könnte, als eine reine, reale, wirkliche Wesenheit, ohne die es so etwas wie Wahrheit überhaupt nicht geben würde. Aber die Vorstellung kann sich als *mehr* erweisen. Sie kann zu einem übersinnlichen Erfassen, Erleben, Begreifen der *Realität* dessen werden, was zunächst nur als Vorstellung gefasst und erfasst werden konnte. Könnte es jemals auf Erden irgendeine Wahrheit oder Gerechtigkeit geben, wenn sie nicht *geistig* eine Realität wäre – und dort *wesenhaft*?

Könnte es jemals auf Erden so etwas wie Unschuld geben, wenn nicht in vollem Umfang im Übersinnlichen *Unschuld* eine wesenhafte Realität wäre? Könnte es auf Erden je ein Mädchen geben, wenn es nicht in der übersinnlichen Welt das lebendige Urbild des *Mädchens* gäbe? Und könnte uns je auf Erden die Unschuld eines Mädchens so sehr berühren, wenn dies nicht auch in der übersinnlichen Welt ein ganz und gar reines, unendlich reales Urbild hätte?

Das reine, unschuldige Mädchen. Es lebt in der übersinnlichen Welt. Und wenn wir uns Vorstellungen machen, die immer reiner werden, nähern wir uns seinem Erkennen, und wenn unsere Vorstellungen, unser Denken und Empfinden rein genug sind, wird sein eigenes Leben – das des Mädchens – beginnen, unsere Vorstellungen zu bewegen, lebendig zu machen und sich in ihnen zu offenbaren. Und wir werden bemerken, wann wir aufhören, uns nur *Vorstellungen* zu machen, und wann etwas beginnt, sich selbst zu offenbaren – nämlich das Mädchen, dem wir rein genug entgegengekommen sind, damit es auch uns entgegenkommen kann...

*

Die Treue zu dem Mädchen beginnt schon in dem Moment, wo man seinen eigenen Erlebnissen glaubt – denn damit glaubt man *ihm*, seiner zarten Offenbarung. Oder aber man verleugnet es, sein zartes Wesen, das man aber doch selbst gesucht hat...

Die Offenbarung des Mädchens ist grenzenlos. Je tiefer wir empfinden können, desto tiefer und ergreifender kann es uns seine Unschuld offenbaren.

Eine einzelne Szene: Das Mädchen arbeitet draußen etwas, da hört es vom nahen Waldrand den Schuss des Jägers. Es erschrickt, hält wie erstarrt inne, und seine Augen füllen sich mit Tränen...

Nur wenn wir in unserer innersten Besinnung solche Momente *miterleben* können, nicht distanziert, nicht als Zuschauer, sondern gleichsam *mit* dem Herzen des Mädchens selbst, und sei es noch so anfänglich – nur dann werden wir ihm nahekommen können. Wir werden ihm nur dann nahe sein können, wenn wir sein Erleben teilen können – aber wir suchen es ja, und es *will* sich uns gern offenbaren, wenn wir es wirklich suchen.

Eintauchen in das reine Wesen des Mädchens – darum geht es. Vorstellungen sind das Eine – aber dann muss die Seele wirklich eins werden mit diesen Vorstellungen, um zu fühlen, welches Wesen *so* fühlen würde. Und wenn sie dies vermag – für Momente dieselben Empfindungen zu haben –, dann kann dieses andere reale Wesen auch wirklich da sein und sein Wesen auch wirklich offenbaren, auch noch weiter...

Und wir fühlen dann wirklich seine zarte Anwesenheit, die nicht wir sind...

Wenn man aber dies spürt, diese zarte Offenbarung, dieses unendlich reine Wesen, dann fühlt man in der eigenen Seele eine zarte, leise Verantwortung. Man spürt, dass man diese zarte, zutiefst berührende Offenbarung gar nicht *verdient* hat, wenn man ihr nun nicht wiederum gerecht wird. Und man weiß: Man würde ihr nur gerecht werden, wenn die eigene Seele so rein wird wie sie.

Das gerade *ist* das Anrührende jeder dieser zarten Offenbarungen: dass in ihnen gleichsam immer die unendlich sanfte Frage zu leben scheint: Wann kannst du die Welt so schön machen, dass ich nicht mehr verspottet oder angestaunt werde... Es ist vielleicht nicht einmal die Frage des Mädchens, es ist mindestens ebenso stark die Sehnsucht der eigenen Seele. Diese Verantwortung spürt sie, diese Sehnsucht hat sie: der zarten Offenbarung des Mädchens in dieser Weise gerecht zu werden...

Aber es ist nur der reine Teile der Seele, der diese Empfindungen hat – der übrige Teil kennt noch immer vor allem die Scham, den Zweifel, das bequeme Beharren und Nicht-Wollen, und schon wieder steht die Seele vor einem Kampf. Der reine Teil und der schon ein wenig rein gewordene Teil der übrigen Seele muss sich entscheiden, den Kampf mit dem übrigen Teil wirklich aufzunehmen, den Kampf um dessen Verwandlung.

Und dieser Kampf ist die Treue zu dem Mädchen...

*

Wenn wir zwischen Ich und Seele unterscheiden, müssen wir sagen: Das Ich beginnt immer bewusster, die Seele zu erziehen. Aber damit tritt es überhaupt erst hervor. Bevor irgendeine bewusste Erziehung der Seele beginnt, kann von einem bewussten wirklichen Ich noch gar keine Rede sein.
Ich werde im Folgenden bei der *Seele* bleiben, denn es geht vor allem um sie, um ihre Verwandlung, auf einem Weg der immer tieferen und reineren Empfindungen.
Ob diese Verwandlung von dem wahren Ich oder dem reinsten Teil der Seele ausgeht oder inwieweit diese beiden vielleicht sogar eins sind, sollte uns im Grunde (noch) überhaupt nicht interessieren, zumal es nur wieder zu sehr kopfigen

Überlegungen verführen könnte, die dann weder dem Ich noch der Seele nützen, sondern nur den Gegenmächten. Was wir auf unserem Weg vor allem anstreben, ist eine Läuterung unseres Wesens. Wer darüber hinaus nach einer vollgültigen Lösung des Geist-Seele-Problems verlangt, muss diesen Weg durch andere Bücher ergänzen.

Uns interessiert also auch nicht vorrangig, ob nun ‚Geist' oder ‚Seele' dem Mädchen treu bleiben, sondern wie diese Treue zu *finden* ist.

Entscheidend für uns ist zunächst nur, dass es einen reinen Teil der Seele gibt und einen Teil, der den Gegenmächten zunächst mehr oder weniger stark unterliegt. Von diesem Gegensatz gehen wir aus. Der reine Teil der Seele *kennt* die Treue, der andere Teil ist von Kräften dominiert, die diese Treue verspotten oder sich ihrer zumindest schämen.

Es gibt aber durchaus eine Sehnsucht nach Erlösung – und nach Treue. Der unreine Teil der Seele ist keineswegs *nur* Spott, Zweifel oder Scham, er ist *auch* Liebe und Sehnsucht und Treue, aber viel, viel zu schwach. Und die Wandlung besteht gerade in der Verwandlung dieser Verhältnisse in der Seele – ausgehend von jenem heiligsten Punkt, der schon am reinsten ist und das Wesen der Reinheit kennt.

Es ist dieser heilige Punkt, der auch das unschuldige Mädchen kennt – und dem es sich offenbart.

Aber die Seele ist kein hermetisch untergliederter Raum. Noch das heiligste Geschehen dringt bis in den unreinsten Winkel – und umgekehrt. Gerade deshalb ist die Vertiefung in das Heilige so wichtig – denn geschieht sie nicht, wuchert nur das Unheilige weiter. Die Begegnungen mit dem unschuldigen Mädchen entfachen und vertiefen aber mehr und mehr in der *ganzen* Seele die Sehnsucht nach ihm und seinem verwandelnden Wesen.

*

Die *Treue* oder besser gesagt die Sehnsucht nach Treue und das Bemühen um Treue zu ihm ist eine Stufe der Sehnsucht. Und Sehnsucht, Liebe und Treue sind Stufen des realen *Zusammenlebens* mit dem Wesen des unschuldigen Mädchens.

Wer auch nur einmal wirklich mit *seinem* – des Mädchens – Herzen gefühlt hat, während es das Leiden eines Tieres erlebte, wird nie mehr angesichts irgendeines solchen Leidens gleichgültig bleiben. Wann immer ihm nun ein solches Leiden oder seine Spur begegnet, wird auch sein Herz sich erinnern, was das Mädchen in diesem Moment empfinden würde. Auch hier beginnt die Treue. Erinnert sich das Herz wirklich? Ist das Mädchen auch in diesem Moment bei ihm?[4] Oder ist es in diesem Moment wie auch im übrigen Alltag wieder sang- und klanglos vergessen? Sind beide Teile der Seele noch immer völlig voneinander getrennt, um den Alltag bequem zu halten; um auch weiter nicht das Leid der Tiere sehen zu müssen? Oder all das andere empfinden zu müssen, was das *Mädchen* in aller Tiefe empfinden würde, wenn es in unseren Alltag eintreten dürfte?

Treue zu dem Mädchen würde bedeuten, sein eigenes Sein so zu verwandeln, dass es auch *uns* achten und lieben könnte, von Herzen, dass es uns jedenfalls nicht verachten oder – weil es dies gar nicht kann – vor unserem Verhalten tief erschrecken müsste. Und die Sehnsucht nach dem Wesen des Mädchens bedeutet schon, dass wir unser Sein so verwandeln wollen. Aber Sehnsucht und Treue sind zwei verschiedene Stufen.

---

[4] In Wirklichkeit sind auch dies zwei verschiedene Stufen: Die bloße Erinnerung und die lebendige ‚Erinnerung', die im Grunde ein gegenwärtiges Erleben ist, weil das Wesen des Mädchens selbst sie im Herzen erweckt, wenn sich die Seele mit ihm innig genug verbunden hat...

Treue ist Ernst und wirkliche Hingabe. Erst hier wird die wirkliche Kraft der ernsthaften und aufrichtigen Verwandlung der Seele gefunden. Wir müssen mit dem Wesen dieses Mädchens wirklich zusammenleben wollen, uns seinen Augen und seinem Herzen wirklich würdig machen wollen.

Dieses Mädchen verachtet niemanden. Aber man fühlt doch sehr genau, worum es geht. Man fühlt, wie das Herz des Mädchens fortwährend leise erschrickt oder traurig ist, wo die Welt und das Herz eines anderen Menschen nicht durch und durch *gut* ist, sondern sich bewusst oder unbewusst in seiner Hässlichkeit und Armseligkeit zeigt.

Und wenn wir unsere eigene Sehnsucht und das Wesen des Mädchens ernst nehmen, müssen wir uns einmal mehr – und immer wieder – mit vollem Ernst klarmachen, *wie* krank, hässlich und empfindungsarm unsere ganze Zeit ist – und auch unsere eigene Seele.

Wenn wir es mit unserer Liebe zu dem Mädchen wirklich ernst meinen, sollten wir lieber zu *viele* Schwächen bei uns suchen wollen als zu wenige. Es werden in Wirklichkeit ohnehin immer viel mehr sein, als wir zu sehen vermögen.

Unser Wille zur inneren Arbeit, unsere Sehnsucht nach Verwandlung und Läuterung muss *radikal* sein, wenn wir dem innersten Wesen und Herzen des Mädchens wirklich würdig werden wollen ... und wenn wir es in seinem zutiefst berührenden Sein nicht für immer völlig *allein* lassen wollen.

Solange es nur darum geht, das Wesen des Mädchens zu lieben, kann man diese Liebe genießen. Da aber, wo es um die wirkliche, ernsthafte Verwandlung der eigenen Seele geht, da beginnt der Ernst und die Aufrichtigkeit dieser Liebe – und des Bemühens, auch der tiefen Achtung dieses Mädchens würdig zu werden ... und vielleicht irgendwann einmal sogar seiner tiefen Liebe.

Dieses wunderbare Mädchen zu lieben, ist keine Arbeit, es ist gleichsam ein *Geschenk*, es lieben zu dürfen. Arbeit aber ist es, seinem wunderbaren Wesen würdig zu werden. Und hier liegt der Punkt der Sehnsucht: da, wo die Seele dies *will*. Dann muss sie nur die Treue lernen, die jene Kraft ist, mit der sie dies auch *vermag*.

Und dann besteht der Weg der Verwandlung darin, die eigene Seele der des Mädchens immer ähnlicher zu machen – an all jenen Punkten und so unvollkommen, wie man dies eben vermag. Man versuche es mit voller Stärke – und nur mit diesem vollen Einsatz wird man seinem wunderbaren Wesen überhaupt auch nur nahe kommen. Die Sehnsucht sollte so aufrichtig wie möglich sein; der Glaube, es erreichen zu können, so bescheiden wie möglich... Das Streben und die Bescheidenheit – beides sollte so vollkommen sein, wie man es vermag.

*

Aber es gibt eines, darin liegt das ganze Wesen des Mädchens – und gerade das ist es, was es der Seele, wie sie heute ist, fast unmöglich macht, dem Mädchen in diesem Punkt auch nur ähnlich zu werden. Sie kann es versuchen. Aber hier liegt der Abgrund, die die Seele von dem Mädchen trennt.
Ja, es ist die Unschuld des Mädchens. Aber worin liegt seine Unschuld? Warum ist es unschuldig?

Das Mädchen ist unschuldig, weil es nicht *krank* ist. Aber worin besteht die Krankheit...

Wir haben sie kennengelernt. Aber wir sollten sie voll bewusst wiedererkennen, um den Abgrund wirklich erleben zu können. Worin besteht die Krankheit? Worin liegt die Unschuld des Mädchens?

Es wäre wichtig, hier meditativ innezuhalten und die Antwort noch einmal *selbst* zu finden und in voller Klarheit zu wissen, zu fühlen, zu erleben, zu sehen...

*

Das unschuldige Mädchen hat keinerlei Selbstsucht. Es hat auch keinerlei Selbstbezug – niemals so, dass dieser seine tiefe, unschuldige Liebe zu seiner Umwelt trüben könnte. Das Mädchen ist sich seiner selbst unbewusst in einem Grade, wie es heute nicht mehr möglich erscheint – außer bei kleinen Kindern. Aber vielleicht ist es sich seiner gar nicht prinzipiell unbewusst, sondern empfindet es nur als absolut unnötig, an *sich* zu denken. Vielleicht empfindet es dies als das Unnötigste überhaupt...

Hier lebt die Unschuld des Mädchens. Es ist frei von unserem Kleben am Selbst, unserem fortwährenden Selbst-Bewusstsein, dem wir gar nicht entrinnen können. Wir sind von uns selbst verfolgt, wir stehen in unserem Zentrum, können uns nicht vergessen, schleppen uns immer mit, sind immer da – und alles Andere ist nur *außerdem* noch da.

Unser Ich steht im Zentrum, färbt alles, durchdringt alles und verdrängt alles – an den Rand. Ich bin es, der erlebt, der denkt, der beurteilt. Ich bin es, der den wunderbaren Sonnenuntergang erlebt – aber ich stehe mir selber im Weg, denn das Ich ist das ewige alleinige Zentrum, und das Übrige wird zur Umgebung, gleichsam zum Kino. Ich kann mir selbst nicht entrinnen – und die Welt rinnt mir zwischen den Fingern hindurch...

Das Mädchen hat das nicht. Es lebt ohne jedes Hindernis in aller Tiefe mit mit dem, was es umgibt. Und das ist es, was uns von Anfang an am tiefsten berührt hat und unsere Sehnsucht weckte – diese Unschuld, diese Hingabe.

Unschuld ist Hingabe, denn die Schuld oder die Krankheit liegt in der *Nicht*-Hingabe. Das Ich will sich nicht hingeben – und kann es auch gar nicht mehr. Der Un-wille ist Un-fähigkeit geworden, hat selbst noch die Fähigkeit verlorengehen lassen. Das Ich kann nicht mehr aufhören, Zentrum zu sein. Es ist immer Zentrum – und ist nun dazu verurteilt, sich für immer selbst im Wege zu stehen, nie mehr dieses Einssein, diese tiefe Verbindung zu allem zu fühlen, die das *Mädchen* fortwährend hat...

Wenn wir eine tiefe Sehnsucht empfinden, diesem unserem Zustand zu entrinnen, scheint es keinen Ausweg zu geben. Wir müssten ja die Hingabe und die Unschuld des Mädchens lernen, aber eine Umkehr der Schuld zurück in die Unschuld ist nun einmal unmöglich. So lautet zumindest das Dogma. Aber vielleicht ist es doch nur das Dogma derer, die sich wohlig in ihrer Schuld einrichten? Oder vielleicht gibt es zumindest eine Heilung der *Krankheit* – so dass man inmitten der Schuld geheilt werden kann, um irgendwie doch eine neue Unschuld zu finden und dem Mädchen ähnlich werden zu können?
Wie kann der Mensch wieder die Hingabe und in ihr die Unschuld lernen – und finden?

Der Weg führt durch das Tor der Sehnsucht und Liebe zu dem Mädchen...

*

Es gibt einen Punkt in unserem Leben, wo wir die Hingabe kennengelernt haben. Sicher gibt es mehrere. Aber diesem einen Punkt wollen wir nun folgen, denn er lag bereits auf unserem Weg. Es ist jener Punkt, an dem wir das Mädchen suchten – und es uns fand.

Als wir innig versuchten, uns sein Wesen vorzustellen, *haben* wir bereits die Hingabe geübt, immer mehr. Wir *können* das Mädchen nur finden, wenn wir uns immer mehr an sein Wesen hingeben – das wir *kennen*. Und je größer unsere Hingabe wird, desto mehr kommt es uns entgegen. Und in jenen Momenten, wo es sich selbst offenbart, ist auch unsere Hingabe vollkommen, denn unsere *Berührung* durch sein Wesen ist vollkommen – und auch unser Einssein mit dem Mädchen.

Wir kennen also diese völlige Hingabe und auch die völlige Unschuld, denn wir waren eins mit der Unschuld – mit *ihrer* Unschuld. Aber je tiefer wir das unschuldige Mädchen kennenlernen, indem wir immer wieder sein Wesen und dessen Nähe suchen, desto mehr *lernen* wir diese Unschuld auch selbst. Unsere Seele wird wirklich ihrer Seele allmählich ähnlicher. Wir lernen die Hingabe...

Das Eine ist nun die Sehnsucht und das innige Suchen ihrer Nähe. Das Andere aber ist, in Liebe und Sehnsucht zu ‚beobachten', wie sie es ‚macht'.
Wir bräuchten im Grunde eine neue Sprache, denn das Gemeinte darf wiederum nicht das Wesen der *Krankheit* in sich tragen. Wir müssten uns eigentlich fragen: Wie würde das Mädchen beobachten? Es wäre ein Beobachten ohne Ich-Krankheit. Es wäre ein unschuldiges liebevolles *Bemerken*, ein unmittelbares warmes Erfassen. Es wäre auch hier ein Mitleben – und darin liegt bereits alles.
Wir dürfen also auch das Mädchen nicht beobachten – aber daran sollte uns bereits schon unsere Ehrfurcht und Liebe zu ihm hindern. Je zarter wir das Wesen des Mädchens lieben, desto weniger *können* wir es beobachten, desto mehr verliert dieses Wort bei ihm allen Sinn, denn gegenüber ihm *haben* wir die zarte Hingabe bereits gelernt. Wir sind auch vor ihm noch nicht unschuldig, aber wir versuchen dennoch, uns ihm in größer Unschuld zu nähern.

Also nicht beobachten, sondern mitleben mit dem Mädchen, zart mitleben und unmittelbar begreifen, wie es ,es macht', und wiederum: unendlich *zart* begreifen, staunend, liebend, berührt... Beobachten und begreifen in größter Unschuld – heiliges Mitleben...

Wenn man so mitlebt, ist es nicht mehr der Kopf, sondern das Herz, das erkennt. Auch die Sehnsucht und die Liebe gingen vom Herzen aus. Jetzt wird das Herz auch *erkennend*.[5]
Sehnsucht und Liebe haben auch bereits alles erkannt. Es kommt nur etwas hinzu. Es ist, wie wenn das Auge, das eine Ganzheit mit allen wunderbaren Einzelheiten erfasst hat, nun auch noch lernt, bewusster auch alle Einzelheiten zu erfassen, ohne die Ganzheit zu verlieren und ohne in die Krankheit zu verfallen. Die Liebe lernt sehen. Das Auge des Herzens gewinnt an Bewusstheit.
Und so *sehen* wir – liebend, mit dem Herzen, mit unverminderter Hingabe –, was das Mädchen tut. Wir *sehen*, was Unschuld ist. Unser Herz sieht es auf einmal. Es erlebt es nicht mehr nur, sondern es sieht es; es begreift; es versteht, was Unschuld ist.
Nun berührt jede einzelne Bewegung nur noch mehr – und zugleich weiß das Herz, *warum* sie unschuldig ist. Das Herz sieht und begreift in heiliger Bewunderung, zarter Verehrung und inniger Liebe, dass das Mädchen sich in jedem Moment ganz hingibt; dass sein Herz gar nicht anders kann oder will. Das eigene Herz begreift und sieht, dass das Herz des Mädchens voller Liebe ist; dass es immer das *Herz* des Mädchens ist, das handelt, weil das Wesen des Mädchens gerade hier lebt.

---

[5] Insofern es immer das Denken (bzw. das denkende Ich) ist, dass das Erkennende ist, müssen wir sagen, dass sich hier das Denken vollkommen mit dem Herzen vereint; dass vollkommen geläutertes Denken und Fühlen eine innige Verbindung eingehen.

Hingabe, Unschuld, Herzenshandeln... Das Mädchen ist wunderschön in seiner Selbstlosigkeit.

Aber es hat auch ein Selbst – und auch dieses ist schöner als alle anderen ,Selbste'. Denn dieses Selbst nimmt sich gerade nicht wichtig. Es nimmt nur eines wichtig: zu lieben. Die Verbindung des Mädchens mit allem anderen ist gerade deshalb so innig, weil das Selbst des Mädchens sich *hingibt*. Es lebt in der Hingabe. Das ist sein Glück – und das Glück der Welt, die seine Hingabe wie ein Geschenk bekommt. *Deswegen* freut sich die Erde, wo auch immer sie den Schritt des Mädchens tragen darf: Es sind Schritte eines wahrhaft liebenden Wesens, einer Trägerin reiner Unschuld...

Wir sehen das Mädchen neben einem verletzten Tier niederknien – und unser Herz sieht, *was* da niederkniet: die reine Liebe, das unschuldigste Herz von allen – ein Herz, das so rein ist, dass es ... nur das Herz eines Mädchens sein kann. *Dieses* Mädchens...
Und unser Herz versteht das Wesen der Hingabe bis zu ihrem Grund...

Von nun an hat die Hingabe auch unser Herz durchdrungen. Mag sein, dass wir noch immer an der Krankheit leiden. Unser Herz trägt die *Berührung* des Mädchens und die Sehnsucht nach *dieser* Hingabe von nun an in jedem Moment in sich. Und seine eigene Sehnsucht ist auch eine Form der Hingabe. Und so ist sie auch der *Weg* der Hingabe.
Das Herz weiß von nun an, *welche* Hingabe es lernen muss. Und wenn es das Mädchen liebt, kann es immer mehr versuchen, *seine* Hingabe zu der eigenen zu machen. Es *weiß*, wie das Mädchen eine Blume anschaut; wie es niederkniet; was es in jedem Moment empfindet; *wie* es empfindet...

Wenn das Herz seiner Sehnsucht folgt, bedeutet das nicht, dass *wir* unser Selbst aufgeben müssen. Es bedeutet nur, die

Krankheit aufzugeben. Unser wahres Selbst sollen wir sehr wohl behalten. Aber unser Herz weiß von nun an, welche Tiefe der *Hingabe* möglich ist – und mit dem Wesen der Welt in reiner Tiefe verbinden würde...

*

Aber auch die Hingabe allein kann den niederen Menschen nicht aus seiner Krankheit retten.

Die Unschuld des Mädchens ist größer und umfasst mehr als nur seine Hingabe. Es ist jenes einzigartige Zusammenfließen von Hingabe, Liebe und Güte, Fleiß und Bescheidenheit, die sein Wesen so leuchten lassen. Hingabe im Empfinden und Mitleben, stille Freude am Dasein und Liebe zur Arbeit, deren Sinn und Notwendigkeit erlebt wird, treu und bescheiden. Und alles, alles sind Formen der Liebe, die das Herz des Mädchens erfüllen, die sein Fühlen in die Tiefe führen, die seine Hand, seinen Fuß bewegen. Diese tiefe Liebe in all ihren Formen gibt dem Mädchen seine Schönheit, seine Anmut, seine Unschuld. Es ist eine tiefe *Treue* zur Welt, ein tiefes Mitleben mit ihr.

Dem unschuldigen Mädchen zu folgen, indem sich die Liebe und Treue des eigenen Herzens zu ihm immer mehr vertieft, das ist der Weg zur bewussten Unschuld...

Die Krankheit des modernen Menschen ist tief sitzend, und sie ist fast unheilbar, denn auch sie wird geliebt – und so wird sie zur Nebenbuhlerin des Mädchens.

Das Mädchen buhlt nicht um unsere Liebe. Aber wir stecken in unserer Krankheit wie in einem Sumpf – und wir buhlen um die Krankheit und sie um uns. Wir sind keineswegs bereit, die Krankheit aufzugeben – und geben doch in jedem Moment wieder das heilige Mädchen auf.

Das Mädchen buhlt nicht um uns – aber es würde auch uns seine Liebe, seine Treue und seine Unschuld schenken, wenn wir *ihm* treu wären. Doch das sind wir nicht.

Ihm treu zu sein, würde bedeuten, so zu sein wie es, ebenso zu handeln – wir wissen es. Hier steht ein anderer Markstein, und wir bleiben davor stehen.

Wir suchen vielleicht Dramatik, Spannung und Gefahr in Filmen, sehnen uns vielleicht sogar im eigenen Leben danach, aber die wirklichen Felder, Wälder und Gebiete, in denen wir dramatische, gefährliche Kämpfe führen, unseren Mut, unsere Aufrichtigkeit und unsere Treue beweisen könnten, sehen wir nicht einmal. Sie sind hier. Wir stehen mittendrin in dieser Welt gefährlicher Landschaften, mächtiger Feinde, schrecklicher Ungeheuer – und einer unfassbaren Schönheit, die schutzlos in den Fängen der Gegenmacht liegt und nur von uns befreit werden könnte...[6]
Diese Welt ist viel realer als die virtuellen Welten, die uns solche Kämpfe vorgaukeln. Vielleicht ist sie uns *zu* real, und es sind die Angst und der Ernst der Lage, die uns davor flüchten lassen. Diese Angst und auch die Liebe zur Krankheit selbst lässt uns immer wieder die *Seelenwelt* als ein unschein-

---

[6] Siehe auch meine Bücher ‚Was war der Mensch?' und ‚Seelenkampf'.

bares kleines Etwas betrachten, das im Vergleich zur ,echten'
Welt belanglos ist. Es ist die Gegenmacht (die auch hinter jener Angst und Liebe
steht), die uns dieses Gefühl und diese Betrachtungsweise
fortwährend einflößt. In Wirklichkeit ist diese Seelenwelt das
Realste, was es gibt – und auch der realste und größte
Kampfschauplatz der Welt. Auch alle äußeren Kriege haben
hier ihren Ursprung.
Die Gegenmächte tun alles, damit wir *dieses* Kampffeld niemals finden und niemals kennenlernen. Denn hier würden die
wirklichen Kämpfe stattfinden. Hier würden die Gegenmächte selbst bedroht werden. Dies wäre das Reich des Kampfes
der modernen Zeit. Aber wir sehen es nicht, und wir kennen
es nicht.

Treten wir ein in dieses Reich...

*

Es ist eine Welt, in der die Gegenmächte die Herrschaft über-
nommen haben. Sie lassen Verschiedenes zu, so dass die
Bevölkerung sich frei fühlt, doch Bestimmtes wird gnadenlos
und brutal unterdrückt – und die wirkliche Freiheit ist vor
langen Zeiten verloren gegangen, war vielleicht noch nie
dagewesen.
Die Gegenmächte sind hässlich, aber sie haben Wege er-
sonnen, die Bevölkerung einzuschläfern und sich trotz der
Fremdherrschaft zu befriedigen. Diese Wege sind eine moderne Variante des ,Brot und Spiele' der Römer. Und das Gift
der Gegenmächte träufelte in das Reich, und die Bevölkerung
ließ sich darauf ein und vergaß und begann, wachend zu
schlafen...

Und da war ein Mädchen, unfassbar schön, das war so unschuldig, dass kein Gift irgendeiner Welt ihm etwas anhaben

konnte. Der Zorn der Gegenmächte war grenzenlos. Aber auf eines konnten sie rechnen: Auf die *Einsamkeit* des Mädchens. Darauf, dass es völlig allein blieb. Es war in ihrer Macht – und es war allein. Und sie konnten auf noch eines rechnen: Je länger das Gift wirkte, desto mehr wurde das Mädchen in seiner albernen Unschuld sogar verspottet.

Der völlige Sieg der Gegenmächte stand unmittelbar bevor...

In dieser Welt leben wir. Genau *das* ist unsere Wirklichkeit. Es ist unsere äußere Welt, es ist vor allem aber die innere Welt – und diese ist noch viel größer, geheimnisvoller, schrecklicher, gefährlicher. Sie ist wirklich durch und durch ein Kampfschauplatz – und wir sind als einzelne Seele *mittendrin.* Wer das Innere der Seelenwelt noch nicht in dieser Dramatik erkannt hat, hat noch nichts begriffen. Auch er schläft dann noch...

Wachen wir auf! Wir befinden uns in feindlichem Gebiet. Es ist zwar unser eigenes Reich, aber es ist seit Urzeiten besetzt von den Gegenmächten, die keineswegs als dumpfe, gewalttätige Besatzer auftreten, sondern sehr gerissen und subtil. Süßes Gift ist es, was ihre Meisterschaft ausmacht. Süß und unbemerkt.

Aber das Mädchen ist in ihrer Gewalt. Lieben dürfen wir es. Das stört die Gegenmächte noch nicht wirklich. Aber seine Einsamkeit bemerken sollten wir nicht. Da werden sie aufmerksam, unruhig, zornig... Und daran, ihm beizustehen oder gar es zu befreien, werden sie uns mit allen Mitteln hindern, mit allen Giften und Waffen und Drohungen, über die sie verfügen... Wagen wir es ja nicht, dem Mädchen beistehen zu wollen! Belassen wir es bei der schönen, unverbindlichen, illusionären Liebe – das reicht doch...

Wir müssen diese Einflüsterungen der Gegenmächte *hören* lernen. Wir müssen ihre Realität erkennen. Wir müssen uns wirklich in dieser Welt des Kampfes wiederfinden, erkennen – darin *aufwachen.*

Es geht um kein Phantasie-Gespiele, dazu ist die Sache zu ernst. Und also stehen wir an einem weiteren Scheidepunkt. Wir müssen lernen, die gewöhnliche Welt und die Welt, die wir jetzt kennenlernen – auch schon kennengelernt haben –, *voll zu verbinden*, ihre gegenseitige Durchdringung und ihrer beiderseitige Realität zu begreifen.

Die *innere* Wirklichkeit von allem ist nicht weniger real und umfassend als die äußere. Es sind wirklich *zwei* Welten, die aber miteinander zusammenhängen, so wie eine Nussschale ein Innen und ein Außen hat. Das Wesentliche ist aber das Innen, und dieses Innen ist in diesem Fall für die äußeren Augen unsichtbar.

‚Man sieht nur mit dem Herzen gut', aber wenn das Herz wirklich zu sehen beginnt, sieht es eine ganze Welt, eine zweite, und diese ist furchtbarer als jeder Abenteuerfilm, denn hier sind die Gegenmächte *real* – und ist ihre Herrschaft weit fortgeschritten, fast unaufhaltbar...

Beide Welten durchdringen sich vollkommen – und jedes gewöhnliche Ereignis der einen Welt kann in der zweiten von größter Bedeutung sein. Wir *müssen* dies begreifen, sonst werden wir das Mädchen nicht retten.

Der ‚Tatort'[7] zwingt uns mit unwiderstehlicher Macht auf das Sofa – wir genießen ihn, und der Genuss ist gerade das süße Gift der Gegenmächte, die mehr als gerne unsere tägliche Dosis des Giftes auffüllen... Und wir mögen uns gegen dieses Bild schreiend, lachend, mit Händen und Füßen oder sonstwie wehren – es bleibt eine Wahrheit.

Und es bleibt eine Wahrheit, dass eine gespaltene Seele immer zu schwach für das Wesentliche sein wird und dass die Gegenmächte gerade mit *dieser* Wahrheit arbeiten...

---

[7] Es mag deutlich sein, dass dies nur ein prägnantes Beispiel ist – es kann durch jedes andere ‚Gift' ersetzt werden...

Wir sind ja scheinbar frei, was wir tun, was wir denken – die Gegenmächte lassen uns alle Freiheit ... allerdings unter Wirkung ihres Giftes. Das Resultat ist, dass wir gar nichts anderes mehr *wollen* als das, was sie sich wünschen. Sie wollen, dass wir den ‚Tatort' genießen – und dass dies unsere ‚freie' Wahl ist. Aber dafür tun sie alles, um der Seele die Lust und die Gewöhnung an den Genuss und das Genießen von kleinauf einzuhämmern. Selbstverständlich kann die Seele dann gar nicht mehr anders. Sie hat nur noch die Wahl, *was* sie genießen will. Und auch hier arbeiten die Gegenmächte angestrengt an der immer weiter wachsenden Auswahl des Angebots. Die Seele ist ihnen restlos ausgeliefert.

Restlos? Nein, ein kleiner Teil der Seele liebt unbeirrbar ein Mädchen... Dieses ist zwar ebenfalls in den Fängen der Gegenmächte, aber nur, weil es *allein* ist. Die Liebe der Seele zu diesem Mädchen könnte daran etwas Entscheidendes ändern. Darum wissen alle Gegenmächte, dass *hier* der Entscheidungskampf liegt, genau an diesem unscheinbaren Punkt...
Die Liebe darf ein bestimmtes Maß nicht überschreiten. Sie muss in den ihr gesteckten Grenzen verbleiben. Sie darf einen bestimmten Schritt nicht machen. Oder sie muss daran doch wieder scheitern...

Wir können die Augen verschließen und wieder von dem Gift nippen. Wir können glauben, dass das Sofa nur ein Sofa ist, der Fernseher nur ein Fernseher, der ‚Tatort' nur ein ‚Tatort'. Wir können glauben, dass hinter alledem *nicht* noch eine zweite Welt liegt, in der auch unsere kleinste Handlung noch größte Bedeutung hat – größte Bedeutung für die Treue zu dem Mädchen, für den Sieg der Gegenmächte...
Wenn wir nicht an diesen Zusammenhang glauben, machen wir es den Gegenmächte unsäglich einfach – und verraten das Mädchen jedes Mal im Handumdrehen.

Jeder Knopfdruck auf die Fernbedienung – ein Verrat. Die Gegenmächte können die Leichtigkeit ihres Sieges kaum fassen, nach allem, was wir bereits durchgemacht haben. Sie haben gedacht, ihr Sieg wird viel schwerer, zumindest geringfügig, aber doch niemals *so* leicht. Es ist ja, als hätten wir uns nie auf den Weg gemacht.

Aber das ist die menschliche Seele: Angefüllt bis oben hin mit Zweifeln, angefüllt bis oben hin mit Genussabhängigkeit – und mit Kraftlosigkeit. Die Gegenmächte haben ganze Arbeit geleistet. Die Seele ist bis oben hin in ihrer Hand, weil sie bis oben hin mit ihren Giften gefüllt ist.

Und der reine Teil der Seele? Der stört ja nicht weiter. Denn er ist vollkommen abgeschottet, isoliert, wie das Mädchen...

*

Wenn dies unseren Stolz nicht verletzt – unseren wahren Stolz, unsere wahre Würde –, dann ist die Seele wirklich rettungslos verloren. Sie hat nur eine Wahl. Sie muss sich zu dem Kampf bekennen. Sie muss sich als Besiegte und Vergiftete zu erkennen anfangen – und mit dem Kampf beginnen. Jeder ‚Tatort' ist ein Verrat an dem Mädchen. Jeder Verzicht auf den ‚Tatort' ist *Treue* zu ihm. Warum?

Weil das Herz des Mädchens den Genuss nicht kennt. Und weil es darin vollkommen einsam ist. Wir werden ihm nur dann beistehen können, wenn auch wir den Genuss völlig verlernen.

Dies ist keine Askese oder Selbstkasteiung, es ist aktiver Kampf gegen eine wahre Übermacht. *Alle* Gegenmächte wollen uns daran hindern, diesen Kampf auch nur aufzunehmen. Sie wollen die Seele daran hindern, das Befreiende und Reinigende zu erleben, das im Verzicht, in der Verweigerung des Genusses liegt – auch dies wollen sie mit Entzugsgefühlen, mit Empfindungen der Sinnlosigkeit eines solchen Tuns zuschütten. Und wahrhaftig, eine Seele, die derart in die Abhängigkeit gebracht wurde wie die Seelen der heutigen Zeit, muss gleichsam übermenschliche innere Stärke besitzen, um dennoch das *Andere* zu empfinden: das Befreiende, das Reinigende. Aber die zarte Liebe zu einem einsamen Mädchen kann der Seele diese übermenschliche Kraft verleihen. Es ist die Kraft des Verzichts ... auf das Gift.

Der Genuss und die Abhängigkeit und Sucht nach Genüssen ist das Hauptgift der Gegenmächte. Sollte dies in einer Seele einmal nicht mehr wirksam sein, wäre sie schon fast, mindestens aber halb unverwundbar gegenüber den Angriffen der Gegenmächte geworden. Aber der ‚Tatort' ist nur *ein* – wenn auch mächtiger – Tropfen im Meer der giftigen Genüsse überhaupt. Wird die Seele diesem Meer jemals entkommen können – oder auch nur wollen? – Solche Fragen sollte sich eine vergiftete Seele am besten nicht stellen. Sie sollte vielmehr einen entschlossenen Schritt nach dem anderen tun – immer in klarstem Bewusstsein, für wen sie dies tut...

Die Seele ist zu schwach, dies für sich selbst zu tun.[8] Vielleicht nicht jede, aber fast jede. Früher oder später werden die Fußangeln der Gegenmächte die Seele dann wieder einfangen. Sie mag stärker geworden sein oder sich stärker *fühlen*, sie mag manche Genüsse aufgegeben haben, aber nicht ihre ganze Art – und sie wird zu wenig sehen, wie sehr sie noch immer in unterschiedlichstes Genießen verstrickt ist.

---

[8] Eine andere Stärke hätte das wahre *Ich*, wo es in Erscheinung träte und sich ganz von dem gewöhnlichen Teil der Seele befreien würde. Dieses *Ich* kann ohne alle Mühe den ‚Tatort' unbeachtet lassen, denn es erlebt bis in die Tiefe das Wesentliche und das Unwesentliche. In diesem Buch suchen wir jedoch einen Weg der *Seele*, der vor allem ein Weg der *Empfindungen* ist.

Und sie wird vergessen haben, dass das Mädchen noch immer einsam ist. Wenn die Gifte von neuem in voller Stärke zu wirken beginnen, wird die Seele sogar das Mädchen selbst vergessen...

Die einzige Hilfe in diesem Kampf *ist* das Mädchen und die Treue der Seele zu ihm.

Die Liebe der Seele zu dem Mädchen wird auf eine einzigartige Probe gestellt werden – so sehr, dass die Seele versucht sein wird, das Mädchen zu hassen (!) und es erneut als bloße Illusion zu betrachten, als Vergeudung von Lebenszeit, die einem nur alle Annehmlichkeit raubt.

So ähnlich verflucht ein Drogenentzügiger die Ärzte und seine Familie, versucht ein Ertrinkender, seine Retterin mit in die Tiefe zu ziehen.

Wenn die Seele in diesem Kampf nicht ganz klar weiß – und an diesem Wissen mit aller Macht festhält –, was sie wirklich will und was sie wirklich liebt, wird auch sie untergehen.

Der Kampf gegen die Gegenmächte ist schlimmer als ein Drogenentzug. Denn der Drogensüchtige hat eine helfende Welt um sich, wenn er will. Die heutige Seele hat eine Welt des Giftes gegen sich – und nur ein einsames unschuldiges Mädchen um sich ... wenn sie es will.

Und doch kann die Liebe zu diesem einen Mädchen eine ganze Welt der Hilfe ersetzen, weil sie selbst und das Wesen des Mädchens eine ganze Welt bilden.

Liebe kann immer erretten – sie muss nur tief genug sein.

Das unschuldige Mädchen *wird* immer erretten – es muss nur tief genug geliebt werden.

*

Man muss sich über die Dimensionen klar sein. Die Liebe zu diesem Mädchen und seinem Wesen muss so groß sein, dass sie alles Andere, die ganze Welt der Gegenmächte, der die Seele bisher verfallen war, *ersetzen* kann, tragend, aufbauend und heilend, an ihre Stelle treten kann, stärkend, ermutigend, läuternd, heiligend...

Es ist eine völlige Verwandlung, die die Seele durchmachen muss – und sie muss in den Begegnungen mit dem Mädchen erlebt haben, dass sie das *will*.

Und nun beginnt ein neuer Ernst und eine neue Treue. Nun geht es nicht mehr nur um das Suchen ihrer Nähe und die innere Wahrhaftigkeit in der Liebe zu ihr, nun geht es auch um den Ernst und die Treue des eigenen Weges der Verwandlung, ganz und gar konkret, in allem.

Und man darf nicht aufhören, die Nähe des Mädchens zu suchen; das ist keine zusätzliche Arbeit, sondern sie ist das Zentrum des Kampfes, die Kraftquelle, die Heilerin, die Retterin und die zu Rettende...

Das Berühren ihres Wesens ist der Stern, der die Seele leiten, wärmen und ihr Kraft geben kann. Aber dieser Stern ist nicht weit weg, Begegnung mit ihr bedeutet jedes Mal Berührung ihres Wesens, Einswerden mit ihr.

Und dies sind die heiligen Momente des Kampfes, die zugleich Ruhe, Frieden und Zuversicht geben. Wann immer die Seele in diesem Kampf zerrieben zu werden oder zu verzweifeln droht, kann sie in der inneren Stille die Trennung überwinden und die Begegnung finden, die ihr Anrührendes niemals verliert:

Die wirkliche Begegnung mit dem unschuldigen Mädchen, außerhalb aller Zeit, in zartester, reinster Offenbarung seines Wesens...

Man kann heilige Momente nicht immer wieder beschreiben, ohne dass sie ihr Heiliges verlieren. Die Seele muss sie *erleben* – dort, im realen Erleben, verlieren sie es nicht.

Die weiteren Schritte des Weges möge der Leser in aller Unschuld – und Sehnsucht nach dieser Unschuld – selbst suchen. Er wird sie finden. Nur Weniges sei noch angedeutet.

Die Befreiung von den Genüssen ist der *eine* ungeheure Schritt aus dem giftigen Sumpf der Gegenmächte. Aber das Wesen des Mädchens zeigt uns immer wieder ein Unendliches. Es ist in seinem ganzen reinen Wesen Hingabe, Liebe, Güte, bescheidene, treue Fleißigkeit.
Wie kann unsere Seele der seinen in all diesem ähnlich werden?
Sie kann es durch die Sehnsucht – und indem sie sich aufrichtig diese Frage stellt. Sie kann auch das *Mädchen* fragen, es wird der aufrichtigen Seele gewiss Antwort geben.

Man kann versuchen, eine reine, zarte Liebe zur Natur zu entwickeln und zu vertiefen. Und dieses ‚kann' wird man selbst, wenn man den Weg und das Mädchen liebt, als ein ‚muss' erkennen. Es bedeutet keine Pflicht, sondern nur ein ‚es geht nicht anders', gewissermaßen mit einem traurigen Lächeln des Mädchens, dessen Herz darum bittet, immer tiefer zu verstehen...

Wie lernt man Güte? Wie treuen Fleiß?
Bei den Pfadfindern gab und gibt es dieses wunderbare Ethos: Jeden Tag eine gute Tat. Und das ist nicht zum ‚Abhaken', es ist eine Lebenseinstellung. Es ist eine Liebe zum Guten, zum Helfen. Hilfreich sei der Mensch, edel und gut... Wenn man dies wieder *erleben* kann, in seiner ganzen Tiefe,

dann baut sich die Brücke über den Abgrund, und man eilt gleichsam mit fliegenden Schritten auf das einsame, unschuldige Mädchen zu.

Dasselbe Leben des Herzens findet man auch in dem Märchen ‚Frau Holle' – ein Mädchen, das nie danach fragt, ob etwas auch Andere machen können, sondern das immer tut, was notwendig ist. Man vertiefe sich in diese Haltung des Herzens, man lerne sie lieben ... man tut es ja schon längst, in dem unschuldigen Mädchen liebt man sie innig. Aber man überwinde das Gift der Gegenmächte und lerne, sie auch *selbst* zu lieben.

Gerne etwas tun, bevor auch nur der Gedanke aufkommt, ob man ‚es muss'. Orte schöner hinterlassen, als man sie vorfindet. Nicht nur einen Blick für das Notwendige entfalten, sondern ein Herz, das die Hand schon regt, bevor der Kopf fragt... Und wenn er doch fragt: ‚Muss ich?' – dann jedes Mal antworten: ‚Ja – allein schon, damit du lernst zu *wollen*!' Da beginnt die Unschuld: wenn das Herz will, ohne zu müssen...

Da beginnt dann auch die Treue zu dem Mädchen, ihre Vollkommenheit zu gewinnen. Sie hat die ärgsten Gifte der Gegenmächte überwunden. Und sie, die Seele, hat sich selbst überwunden – sie, die angefüllt war mit jenen Giften. Sie hat sich selbst völlig verwandelt und tut dies weiter ... alles aus inniger, treuer Liebe zu dem Wesen eines Mädchens, das sie vor langer Zeit zutiefst berührt hat und dies noch immer tut.

Das unschuldige Mädchen – unschuldige Retterin...

*

Wir haben in diesem Buch den Weg der Unschuld gesucht – wir haben ihn gefunden und erkannt, dass er in einen gewaltigen Kampf hineinführt: in den Kampf um die Unschuld, um die Befreiung aus der ‚Schuld', die in einem kranken und vergifteten Zustand besteht.

Die Befreiung aus den Fängen der Genüsse ist der eigentliche Beginn des Weges zur Selbstlosigkeit, den uns das unschuldige Mädchen so berührend offenbart. An die Stelle der Genüsse wird dann das Wesentliche treten – und die Seele wird lernen, dies zu erkennen und zu lieben, so wie sie das Mädchen liebt.

Es gibt Vieles, woran die Seele ihre Empfindungen, ihre Bescheidenheit und ihre neue Willensrichtung weiter vertiefen kann. Sie wird es finden und das Richtige für sich wählen.

Und Tag für Tag wird so auch in ihr etwas wachsen, etwas wie eine Frucht oder auch ein sanftes Licht. Und es wird die Zeit kommen, wo es auch für Andere immer mehr sichtbar werden wird. Beschleunigen kann man es nicht. Man kann nur treu und fleißig dem eingeschlagenen Weg folgen. Aber das, was dann Tag für Tag wachsen wird, das ist

... die Unschuld auch der eigenen Seele.

Und in den zarten Begegnungen der Stille

wird das Mädchen beginnen zu lächeln,

denn es fühlt die Befreiung der anderen Seele

und auch die Linderung *seiner* Einsamkeit

und das Besserwerden der Welt.

Und ihr Lächeln wird dir folgen

und sich mit deinem verbinden,

als ginget ihr Hand in Hand

und verwandeltet die Welt gemeinsam.

Und es ist wahr...